UĞUR KOŞAR

EVLİYA ve EŞKIYA

DESTEK
yayınları

DESTEK MEDYA GRUBU

DESTEK YAYINLARI: 919
TASAVVUF: 30

UĞUR KOŞAR / EVLİYA VE EŞKIYA

İmtiyaz Sahibi: Yelda Cumalıoğlu
Genel Yayın Yönetmeni: Ertürk Akşun
Yayın Koordinatörü: Özlem Esmergül
Editör: Devrim Yalkut
Kapak Tasarım: İlknur Muştu
Sayfa Düzeni: Işıl Ilgıt Şimşek
Sosyal Medya-Grafik: Tuğçe Budak - Mesud Topal

Destek Yayınları: Mart 2018
Yayıncı Sertifika No. 13226

ISBN: 978-605-311-391-1

Abdi İpekçi Caddesi No. 31/5 Nişantaşı/İstanbul
Tel. (0) 212 252 22 42
Faks: (0) 212 252 22 43
www.destekdukkan.com
info@destekyayinlari.com
facebook.com/DestekYayinevi
twitter.com/destekyayinlari
instagram.com/destekyayinlari
www.destekmedyagrubu.com

Gezegen Basım San. ve Tic. Ltd. Şti.
Matbaa Sertifika No. 12002
100. Yıl Mah. Matbaacılar Sit.
2. Cad. No. 202/A Bağcılar/İstanbul
Tel.: (0) 212 325 71 25

DESTEK yayınları KARAKARGA BEYAZ BAYKUŞ genç DESTEK

UĞUR KOŞAR

EVLİYA ve EŞKIYA

DESTEK yayınları

İÇİNDEKİLER

Kitabın henüz yazım aşamasındayken
hayata gözlerini kapatan
ve Allah'ın rahmetini dilediğim;
babam **Mehmet Koşar***'a ithafımdır…*

Rahman ve Rahim olan Allah'ın adıyla başlarım. Bu kitabı yazmayı vesile kılan Rabb'ime verdiği lütfundan dolayı hamdü senalar olsun. Rahmet elçisi Sevgili Peygamberim Hz. Muhammed'e (s.a.v.) salat ve selam ederim.

Allah buyuruyor ki: "Ben bir kulu sevdiğim zaman onun işiten kulağı ve gören gözü olurum. Artık o, (konuşurken) benim (kelamım ve hükmüm) ile konuşmaya ve (baktığı her şeyi) benim (verdiğim özel bir görüş) ile görmeye başlar."

Bu kitabı yazan Uğur Koşar sadece aracıdır, vesiledir. Allah ile kulları arasında bir köprüdür. Lütuf, İlim ve Hikmet tamamen Allah'ındır... Yazdıran O'dur.

Bazen içinde iki ayrı ses duyuyorsun. Zihnine gelen düşünceler seni kararsız bırakıyor. Bazen kendini çift kişilikliymiş gibi hissediyorsun. Biri kötüyü emrediyor, diğeri ise rahmani konuşuyor. Rahmani konuşan çok hafif fısıltı veriyor, hemen kayboluyor ama şeytani olan adeta susmuyor. Seni yoruyor. İşte o ses nedir biliyor musun? O senin Nefsin'dir. Onu eğitirsen Evliya olur, şayet onu boş bırakırsan Eşkıya olur, bütün enerjini alır ve hayatı çekilmez hale getirir.

İçinde böylesine bir savaş varken

Sen Evliya olmayı mı seçeceksin yoksa Eşkıya mı?

EYÜP SULTAN / İstanbul 2017

Hayatın kattığı tüm yorgunluklar omzumdaydı ve içimi tarifsiz bir sıkıntı kaplamıştı. Bu sıkıntı ta kalbime kadar vuruyordu. Kalbimin üzerinde adeta bir yılan çöreklenmiş nefesim daralmaya başlamıştı.

Az önce eşimle küçük bir tartışma yaşamıştım. Artık onu da yoruyordum. Belki işinde başarılı, disiplinli, kazancı yerinde biriydim, çevresinde sevilen sayılan da bir insandım ama mutlu değildim. Kendimle çok sorunum vardı. Başkalarını da mutsuz ediyordum, belki de önce ben değişmeliydim.

İçim daralıyordu, Kalbimde büyük, derin bir boşluk... Kalbim çürümüş gibi hissediyordum. Canım hiçbir şey yapmak istemiyordu, bitkin ve kızgındım. Hiçbir şeyden mutlu olamıyordum. Kaygılarım ve hayata, her şeye dair korkularım vardı. Yaşamaktan, gelecekten kaygı duyuyordum. Kimsenin beni anlamadığını ve anlayamayacağını düşünüyordum artık.

Yüzüm hiç gülmüyor, bazen zoraki sahte tebessümlere sığınıyordum. Eskiden beni mutlu eden şeyler artık mutlu etmiyor, yakaladığım ilk fırsatta kendi içime kapanıyor, sessizliğe gömüyordum kendimi. Aklımdaki düşüncelerin birini bırakıp diğerini düşünüyordum. Alakası olmayan düşüncelerden başka düşüncelere geçiyordum. Sürekli kendi kendime konuşmaktan, bana her şeyin en olumsuzunu düşündüren beynimden adeta bıkmış, çok ama çok yorulmuştum.

Zaman zaman geçmiş yıllardaki kalbimi inciten insanlar aklıma geldiğinde tekrar kızıp kendi kendime söyleniyordum. Her sorun zihnimi kemiriyordu. Artık hiçbir sorumluluk almak istemiyordum. Bütün işlerimi başkaları halletsin istiyor, kendime bakmak bile istemiyordum.

Bu durumu eşime anlatmaya çalıştığımda beni anladığını söylüyor ama bana yardımcı olamıyordu. İçten gelen bir mutsuzluğu dışarıdan gelen üç beş güzel sözle geçiştirmek mümkün müydü ki?... İyi olmamı istediğini biliyordum, yanımdaydı hep, ama yetmiyordu bana geçici teselliler. Asık suratım ve depresif halimle onu da bunaltıyor, mutluyken mutsuz ediyor, büyük bir umutsuzluk ve çıkmazın içine sürüklüyordum.

Eşim son zamanlarda, bu huzursuzluğun benden kaynaklı ise ayrılabiliriz demeye başlamıştı. Belki bunu içinden gelerek söylemiyordu ama sanırım bu depresif halimi artık üzerine almaya başlamıştı. Ve aslında bu sebepsiz sinir ve gerginlikte kim olsa alınırdı.

Ondan kaynaklanan bir sorun yoktu aslında, zaten ben yalnız kalmak istemiyordum... Sanki bambaşka bir arayışım vardı bu sıralar... Dünyevi şeyleri elde ettikçe mutsuzluk oranım artmıştı. İş başarısı ve maddi gücüm de beni mutlu etmeye yetmiyor, çevremdeki kişilerin şımarıklık olarak görebileceği bir ruh haliyle başka şeyler arıyor ve istiyordum.

Boğulduğumu hissettiğim gecelerden biri... İstanbul'un tüm sesi sanki beynimde uğulduyor. Kaçıp gitmek bir daha da dönmemek arzusundayım. Ama nereye?... Kafamın içini açarak boşaltamam ki... Düşüncelerimin hızı beni bile şaşırtıyor. Birbiri ardına gelen düşünce trafiği zihnimi kemiriyor, artık çok yorgunum. Yaşamak benim için gerçekten zorlaştı, kalbim en küçük endişemde göğsümden çıkacakmış gibi hızlıca atıyor.

Dün sabahki toplantıda biri fark edecek diye korkudan ellerim titredi adeta... Soğuk terlerimi mi, ellerimin titreyişini mi daha çok gizlemeliydim?... Güçlü görünme mecburiyetim, yakınımdakilere kendilerini güvende hissettirme görevi içinde olmam ruhumu ve bedenimi yorgun düşürmüştü. Bazen hayatımı kendi kendime sonlandırma ihtimalim dışında hiçbir kurtuluş yolu bulamıyorum.

Çalar saat yarım saat kadar sonra çalacak. O sesi işitmeye mahal vermeden yataktan kalkmak en iyisi... Hem belki Yezra da uyanmamış olur, böylece ona görünmeden, rutin kahvaltı kavgasını da yapmadan çıkabilirim evden...

Usulca yataktan kalkıp giyindim ve cam bir tepsi üzerinde yürüyormuşçasına sessizce evden çıktım. Bu evden gün ağarmadan çıkışlarımdan birinde bir daha geri dönmemeyi kafama koymuştum artık. Sağladığım maddi imkânların dışında hiç kimsenin umurunda olmadığımı düşünüyordum bir yandan.

Değerli olmak için "yok olmak" mı gerekliydi hep bu hayatta? Yoksa yitirilmek mi gerekliydi? İnsan kendini ne yaparsa değerli kılabilirdi?...

Bir yandan da karımın dünyayı dolaşsam onun gibisini bulamayacağım nitelikte bir hazine olduğunu düşünüyordum. Beynimi kemiren bu iki farklı sesin savaşı bedenimi takatsiz bırakmıştı.

Kaçmak doğru muydu her şeyden? Eşimden, işimden, ödemelerden, hesap kitaptan... Aslında ben kendimden kaçmak istiyordum. Ama bu o kadar kolay değildi ki...

Bunca sorumlulukla nereye kaçabilirdim? Çok uzaklara da gitsem zihnim ve kalbim benimle birlikte olmayacak mıydı? Artık çözüm bulamıyordum. İsyan etmemek için kendimi zor zapt ediyordum... Ne olurdu Allah bana bir kapı açsa? Ne olurdu sanki Allah dualarıma anında cevap verse?

Sanki elinde değil miydi? Niçin beni bu kadar bekletiyordu ki Allah? Benim sesimi duyuyor bunu biliyorum, bile bile niçin bana azap ettiriyordu ki? Hani çok merhametliydi?... Hani kuluna çok yakındı? Niçin hissedemiyordum ben?

İçimden fısıltıyla gelen bu sorular zihnimi oldukça meşgul ediyorken stresim kat kat artıyordu. Beynim hiç susmuyordu adeta... Sanki iki kişi varmış içimde, biri isyanlarda bağırıp duruyor, diğeri ise sabır sabır diye mırıldanıyor. Ama ben o isyankâr sesi daha net duyuyor, bunca derdin arasında bir de kendimi günahkâr hissetmeye başlıyordum...

Arabaya bindiğimde şirkete gitmek için çok erken bir saat olduğunu fark ettim, zaten kendimde o gücü de bulamıyordum. Saat kaçta işbaşı yapacağımla ilgili hesap vereceğim kimse de yoktu zaten... Arabayı çalıştırmamla birlikte ben küçükken dedemin beni birkaç defa getirdiği çayhaneye doğru yola koyuldum. İçimden bir ses orayı özlediğimi söylüyordu. Aslında özlediğim şey dedemdi ama artık onu görme şansım yoktu çünkü onu on beş sene önce kaybetmiştim.

Sığınabilecek en kuytu, en görünmez yer, Pierre Loti'deki bu çayhane... Dedemin gençlik yıllarında boş zamanlarında çay servisi yaptığı ve sonrasında da hep gelip gittiği, beni de gelirken zaman zaman yanına aldığı küçücük huzur dolu çayhane. Çevremdeki kişilerin yüzüme sahici şekilde gülümsediklerini görebildiğim ender yerlerden biri.

Belki o da takım elbisemin ihtişamı sayesinde gerçekleşen bir yanılsama aslında ya da şu an yaşadığım tam bir değersizlik paranoyası... Şekersiz demli üç bardak çayın ardından afili milyon TL'lik arabama binip şirkete gitmenin vaktidir. Bu beden, bu yüz, hiç uyumadan dinlenmeden bir 30 saat geçirdiğini kimseye hissettirmemeli... En geniş gülümsememle ve güçlü duruşumla girmeliyim o şirketin kapısından.

Pierre Loti'nin sessiz yokuşundan arabaya doğru hem yürüyor hem de kendimde araba kullanabilecek dahi bir gücümün kalmadığını hissediyordum. Beynimi kemiren düşüncelerle boğuşurken amaçsız ve hiçbir hedefim olmaksızın dakikalardır yürüdüğümü fark ettim. Düşünceler enerjimi kemiriyordu. Başımı gökyüzüne çevirdiğimde lekesiz bir mavilikle kaplı olduğunu gördüm. Nasıl kusursuz homojen bir mavilikti bu, bir an ne olduysa içimi bir ferahlık kapladı. Daha önce hiç hissetmediğim bir hafiflik hissettim. Anlam veremediğim bir duygu... Dalgın yürüyüşüm beni nereye getirmişti? Kafamı kaldırıp etrafa bakındığımda kendimi Eyüp Sultan Türbesi'nde bulduğumu anladım. Beni ayaklarım buraya getirmiş olmalı... Ya da anlam veremediğim bir güç beni buraya çekmişti!...

O kadar yakın olmama rağmen daha önce hiç gelmemiştim bu türbeye. Bilirdim dünyanın her yerinden gelirler ziyarete ama işte İstanbul insana bazen kendini unutturuyor. Trafiği, stresi, koşuşturması... Bunlar bahane olmamalı ziyaret etmek için bu kutsal mekânı. Aslında sorunun ne olduğunu biliyordum:

Yine o içimdeki ses...

Benim namaz kılmamı, ibadet etmemi, Allah'a yaklaşmamı engelleyen, dünyevi işlerde harıl harıl çalışan bedenim ve zihnimi ibadete gelince tembelleştiren o ses... Evet, sorun tam anlamıyla buydu. Fakat içimde duyumsadığım eşsiz huzur kalbimi ısıtmış, bir anda beynim susuvermişti.

Zihnime doğan ve günlük sıkıntıları bana hatırlatan o ses gidivermiş yerine konuşan başka biri gelmişti sanki... Ama bu kişi diğerinin aksine:

"İki rekât namaz kılsan ne kadar iyi olurdu..." diye fısıldayıp susmuştu. Beni bir şeye zorlamıyordu. İlk defa bu sesi dinlemek istedim. Gözüm hemen abdest alabileceğim bir yer aradı. Oracıkta hemen namaz abdestimi aldım. Abdest almak içimdeki dinginliğe ayrı bir enerji ve huzur kattı sanki. Uzun zamandır namaz abdesti almadığımı hissettim. Allah'a ne kadar uzakmışım diye iç geçirdim birden...

Etrafa göz gezdirirken türbenin avlusundan camiye açılan büyükçe bir kapı fark ettim ve kapıya yaklaşıp içeriye göz gezdirdim, sabahın bu erken saatinde insanlar sabah namazı kılmak için geliyorlardı. Uykudakiler ise kim bilir kaçıncı rüyasındadır benim yıllardır uyduğum gibi...

Köşede kolonların arkasında bir yeri gözüme kestirip yere çömeldim. Ezan okunduktan sonra imamın tekbiri ve yüzlerce insanla birlikte namaza durdum. Hem namaz kılıyor hem de zihnimdeki vesveselerle boğuşuyordum. Bir yandan huşu bulmaya çalışırken bir yandan yarının planlarını yapmaya başlamıştım. Sanki namazda değil de toplantı halindeydim.

Çok şükür engeller içinde namazımı kılıp bir kenara yaslanıverdim. Cemaat iyice dağılmıştı. Kendimi hafiflemiş hissediyordum. Sanki yeni doğan bir bebeğin anne kucağında duyduğu güven vardı ruhumda ve ben kendimi o anne kucağında mayışmış, uykuya dalacak masum bir bebek gibi hissediyordum. Bu duygular içinde içim geçmiş, gözlerim yavaş yavaş kapanıyordu.

Sessizlik... Her şey durmuştu sanki. Bir boşluktaydım. Dünya ile ahiret arasında bir alemde... Bir berzahta... Sonra bir ses işittim derinlerden:

"Allah, ölecekleri vakit onların canlarını alır. Ölmeyeni de uykusunda (bir tür ölüme sokar)." Ardından "Zümer Suresi 42" dedi ve susuverdi.

Berzahta mıydım ben şimdi? Yani ölü müydüm, yoksa rüyada mı? Tam bu sorular içinde boğuşurken bir anda etrafımda ışık huzmesi oluştu. Sanki nur yağıyordu gökten ve etrafımda bir grup insan toplanıvermişti. Yüzlerini seçemiyordum. Her birinin yüzünde nur vardı. O nur öylesine parlaktı ki insana güven veriyordu.

Kendimi bir Konsey'in tam ortasında bulmuştum.

ABDÜLKADİR GEYLANİ

"Kadere rıza göstermedikçe nasıl mutlu olabilirsin? Allah'tan gelene razı olmadan Allah'ın senden razı gelmesini nasıl beklersin? Senin zihnine doğan iki düşünce vardır. Biri şeytandan diğeri ise meleklerden ve Allah'tan gelen ilhamdır."

"Evlat..." dedi. Tam karşımdan gelen bir sesti bu ve soruyla devam etti sözlerine:

"Kapımızı çaldın biz de kapıyı açtık. Bu kapıdan içeri girmek öyle kolay değildir. Söyle bakalım sen hiç gönül kırdın mı?"

Bu soru karşısında çok şaşırmıştım. Bir süre kulağımda çınladı, sen hiç gönül kırdın mı sorusu...

"İstemeden de olsa gönül kırdım, bazen öfkeme yenik düştüm" diye cevap verdim.

"O halde bu gönül dergâhından içeri öyle kolay giremezsin. Senin önce yanman, yandıktan sonra pişmen, sonra olman, sonra da Hiç'liğe ermen gerek. Nefsin dizginleri ele almış ve sana hükümler yağdırıyor, o dizginleri sen ele alıp nefsini binek yapmadan nasıl mutlak huzura erebilirsin?

Senin içinde eğitilmeyi bekleyen bir çocuk var, ama sen ona Velilik bile yapmıyorsun. Sen o sesin farkında bile değilsin. O ses senin Nefsin'dir. Onu eğitirsen Evliya olur, boş bırakırsan Eşkıya olur! O hep küçük bir çocuk gibidir. Boş bırakmaya gelmez. Onu boş bırakırsan şeytan ele alır ve sana vesvese vermeye başlar.

İşte içinde duyduğun ve sana hem dertlerini hatırlatan hem de isyana hazırlayan o ses kendi içindeki nefsinden gelmekte. A dünyayı bulup Rabb'ini unutmuş! Bak işte senin nefsin Eşkıya olmuş."

Bunları söyledikten sonra kısa bir süre duraksadı ve kim olduğunu merak ettiğimi anlamışçasına, "Ben Abdülkadir Geylani'yim" dedi. O an anladım ki bu Konsey evliyalarla doluydu. Gavsul Azam Abdülkadir Geylani Hazretleri tam karşımdaydı. Heybeti başımı döndürüyordu adeta. O Evliyaların Sultanı'ydı ve ben kendisiyle muhatap olabilmenin heyecanı içinde kalp çarpıntısı yaşamaktaydım.

Allah'ın rahmeti üzerine olsun, dedem anlatırdı Abdülkadir Geylani Hazretleri'nin menkıbelerini daha ben çok küçükken, o yüzden hiç yabancı değildim hem kendisine hem de bazı evliyalara.

Nefsin ne olduğunu sordum kendisine, "O senden bir parçadır" dedi. "Allah insanı yaratırken üç surette yaratır. Biri zahiri yani aynada gördüğün bedenin, diğeri ruhun ve üçüncüsü nefsindir. İki başı vardır nefsin, biri zihnini kontrol eder, düşünce verir, diğer başı ise midenin üzerindedir sana sürekli yemek hayal ettirir. Sen eğer onu eğitmezsen, sen üstünlük göstermezsen nefsin Padişah olur sen de onun kölesi olursun. Ve insanların büyük bir çoğunluğu nefsin kölesi olmuş durumda."

Yeni bir şeyler öğreniyordum apaçık. Hayatıma farklı bir bakış getirecek bilgiler. "Evet..." dedi içimden geçenleri duyarcasına. "Sen Hak gözüyle bakmayı öğrenmedikçe mutlu olamazsın. Sen hayata dünya gözüyle bakıyor, dünyadayken olayları nefsine göre yorumluyor ve sonucunda mutsuzluk yaşıyorsun.

Kadere rıza göstermedikçe nasıl mutlu olabilirsin? Allah'tan gelene razı olmadan Allah'ın senden razı gelmesini nasıl beklersin? Senin zihnine doğan iki düşünce vardır. Biri şeytandan diğeri ise meleklerden ve Allah'tan gelen ilhamdır.

Sen şeytandan geleni dinliyor, onun sana içinden sordukları, neden bu oldu, niçin bu oldu, nasıl bu oldu gibi sorulara kulak vererek isyana düşüyorsun. İnanan bir kalp, neden, niçin diye sorgulamaz!

İnanan bir kalp yaşadığı dertler, sıkıntılar, imtihanlar karşısında şöyle der: Evet, Allah'ın benim için uygun gördüğü vuku bulmuştur. Allah'ın muradı yerine gelmiştir. İşte bu bakış Hak gözüyle bakmaktır.

Nefis bütün varlığıyla kadere karşıdır. Allah'ın uygun gördüğünü asla beğenmez. Daima buna karşı çıkar. Allah'tan gelene itiraz eder. Eğer sen nefsini ıslah etmek istiyorsan onunla savaşacaksın. Çünkü nefis şer içinde şerdir. Eğer onu mutmain hale yani kötü heveslerden arındırırsan hayır içinde hayır hale gelir. Sana itaat etmeye başlar.

Yazık sana! Allah Zumer Suresi'nde, 'Ey, Rabb'ine itaat edip huzura eren nefis! Dön Rabb'ine, sen O'ndan O senden hoşnut olarak!' diye buyurdu. O halde niçin nefsini eğitmek için çaba sarf etmedin?"

İçimde eğitmem gereken bir çocuk olduğunu bilmiyordum ki. Bize öğretilen namaz kılıp oruç tutmanın yanı sıra genelde abdesti ve orucu bozan şeylerdi. Bunları defalarca duyuyordum. Özellikle abdesti ve orucu bozan şeyler hakkında adeta âlim olmuştum diyebilirim. Çevremdeki çoğu insan ibadetler hakkında bilgi verdi ama iman konusunda bir bilgiye ulaşmamıştık ki...

Şimdi burada duyduklarım beni heyecanlandırmıştı. Ve duyacaklarımı da sabırla bekliyordum.

Nur yüzlü Evliya devam ediyordu:

"Burada öğrendiklerini dünyada iken ulaşabildiğin her kul ile paylaş. O kulların da Allah ile arasının iyi olmasına sen vesile olacaksın. Bu vesile seni Allah'a inşaAllah Dost edecektir.

Sabırlı olana Allah'ın sayısız nimetleri vardır. Bu nimetleri sizler tahammül etmeyerek kaybediyorsunuz. Tahammülünüz sınırlı, Allah rızası için biraz daha sabrediniz. Allah'a kavuşmadan önce Allah için uyanınız.

Önce kalbinizi düzeltiniz. Bir insanın kalbi düzgün olursa bütün halleri de düzelir. Nefis daima kötüyü emreder, onu eğitmediğin sürece sana haramı, yalanı, gıybeti, kul hakkına girmeyi, haset ve fesadı emredecektir. Ona dikkat ediniz.

Kalbini düzeltmek isteyen kul önce Allah'tan gelene razı olsun, tevekkül etsin. Allah'ın emirlerine sevdiğini kırmamak adına uysun. Sizler fani olan sevdiklerinizin bir dediğini iki etmezken, gerçek sevgili Vedüd olan Allah'ın emirlerini duymazlıktan geliyorsunuz!

Fani sevgilileriniz kırılır diye kaygılanırken, Allah ile aram acaba açılır mı diye hiç endişe duymuyorsunuz. Allah'ı unutarak yaşıyorsunuz. Yine de O her an sizi gözetliyor ve size rahmet ediyor, rızıklar veriyor. Allah böyle yücedir. Karşılıksızca kullarını sevendir.

Yazık sana! Bak dilin şükür ediyor, kalbin ise şikâyet. İşte o sırada Allah size buyuruyor: Ey âdemoğlu! Benim hayır ve rahmetim sana inerken, senden bana şerler çıkıyor...

Sizler Allah'a kulluk ettiğinizi söyler, ama nefsinize itaat edersiniz. Kadere karşı gelme. Kulu Allah'a yaklaştıran yegâne şey; kadere karşı gelmemektir. Nefsin Allah'tan geleni beğenmediğinde sakın onu dinleme. Nefsine uyma. O bir Eşkıya, seni de kendine mensup etmek istiyor.

O bir yalancı, daima seni suçluyor ve dertlerin hiçbir zaman bitmeyeceğine inandırmak istiyor. Dert sana varınca onu sabırla karşıla ve derdin çözülene kadar da bekle. Sadece sen sabretme. Nefsine de sabrettir. Unutma ki Allah sabredenlerle birliktedir. Seninle birlikte olduğu gibi nefsin de şayet sabrederse, Allah onunla da birlikte olur. Böylece senin nefsin Evliya olmaya başlar."

Abdülkadir Geylani Hazretleri sözlerinin burasında duraksayıp, yüzüme uyanmam için bir tokat indirircesine sözlerine devam etti:

"Vay yalancı! Sen nimet içindeyken Allah'ı seviyor ama başına bir bela geldiğinde hiç sevmemiş gibi O'ndan kaçıyorsun. Kul imtihandayken belli olur. Allah'tan sana bir bela isabet ettiğinde hiç tepki vermeden kalıp Rabbim bunu uygun görmüş diyebiliyorsan sen Allah'ı seviyorsun demektir, yoksa sen yalan söylüyorsundur! Senin sevgin son derece sahtedir. Senin sevgin bir gölgedir ve kaybolur."

Bu sözlerden sonra derin bir uykudan uyanmışçasına gözlerimi ovuşturarak açtım. Caminin içinde sesler vardı. Cuma günüydü sahi bugün. Namaz için cemaat toplanmış safları dolduruyorlardı Eyüp Sultan Camii'nin... Büyük sahabenin dizinin dibinde olmak ne güzeldi. Onun adeta eteği altında toplanmış Allah ile buluşmayı bekliyordu insanlar.

Ben de hemen bir boşluğu doldurdum orta sıralarda. Yasin Suresi okunmaya başlandı ve belli bir yere kadar okuduktan sonra kaldığı yerden başka bir hafız devam etti. Dört beş hafız eşlik ederek Yasin Suresi'ni tamamladıktan sonra cuma namazını çok uzun yıllar ardından camide eda etmiştim.

Allah sonunda benim sesime cevap vermiş olmalıydı. Az önce gördüklerim neydi benim? Hâlâ anlam veremiyordum, ama her neyse kalbime dokunmuştu tüm duyduklarım. Bana farklı bir enerji katmıştı. Hayatımın anlamını bulmaya başladığımı fark ettim birden.

Ve o an ne kadar türbe, cami, sahabe kabri varsa ziyaret etme fikri geçti içimden. Aslında içimden geçti demek yanlış olurdu. Çünkü zihnime doğan rahmani düşüncelerin, ilhamların Allah ve meleklerden bana geldiğinin şimdi çok iyi farkındaydım.

Şükürler olsun ki bu rahmani sesi duyabildim ve hemen ona uyma kararı aldım. Allah hidayet vermeseydi bu yolda olacağımı hiç sanmıyorum. Sıradaki durağım neresi olmalıydı diye iç geçirdim o an...

İçimden bir ses yine fısıldadı; Galata Mevlevihanesi'ne git diyordu... Sabah arabayı park ettiğim yerden çok uzaklaştığımı fark ettim. Zaten hiç araba kullanmak da istemiyordum. Farklı bir gün yaşamak içimden geçti. Otobüs durağında bir süre bekledikten sonra Beyoğlu istikametine giden araca bindim. Akıllı telefonların bu kadar işe yarayacağı hiç aklıma gelmezdi.

Mevlevihane caddenin bir ucunda, Tünel Meydanı'na doğru giderken sol tarafta görünüyordu. Üç katlı bir yapı. Enerjisini hissedebiliyordum. Kim bilir neler yaşanmıştı, insanlar ne zikirler çekmişti, ne semalar yapılmıştı burada. Mevlevihanenin avlusunda Şeyh Galip ve Halet Efendi türbelerini gördüm ve ruhlarına Fatiha ile İhlas surelerini okudum.

Kısa bir araştırmadan sonra öğrendim ki Şeyh Galip; Divan Edebiyatı'nın son büyük şairi olarak kabul edilmiş.

O vakit şiirleri dillerde geziyor, saraydan mahalle kahvesine kadar her yerde okunuyormuş.

Hemen merak ederek bazı şiirlerine ulaştım. Yüreğime dokunmuştu okur okumaz.

"Efendimsin cihanda itibarım varsa sendendir.

Miyan-ı âşıkanda iştiharım varsa sendendir.

(Sen benim efendimsin, benim bu cihanda itibarım varsa sendendir. Âşıklar arasında bir şöhretim varsa yine sendendir.)

Benim feyz-i hayatım hasılı ruh-ı revanımsın.

Eğer sermaye-i ömrümde kârım varsa sendendir.

(Benim hayatımın bereketi, akıp giden ruhumu ortaya çıkaran sensin. Eğer ömrümde bir kazancım varsa senin sayendedir.)

Su uyur düşman uyur haste-i hicran uyumaz.

(Su uyur, düşman uyur, ayrılık hastası uyumaz.)

Farığ olmam eylesen yüz bin cefa sevdim seni

Böyle yazmış alnıma kilk-i kaza sevdim seni

Ben bu sözden dönmezem devreyledikçe nüh felek

Şahid olsun aşkıma arz u sema sevdim seni."

(Yüz bin cefa etsen vazgeçmem, bir kere sevdim seni. Kaza ve kader kalemi alnıma böyle yazmış; seni sevdim bir kere. Dokuz gök döndükçe bu sözden dönmem: Sevdim seni; yer ve gök aşkıma şahid olsun.)

Diğer türbede ise Halet Efendi vardı. Onun hakkında da kısa bir araştırma yapmak istedim. Nerede olduğumu, burada neler yaşandığını bilmek ve hissetmek istiyordum.

Halet Efendi, zamanındaki âlimlerin en büyüklerinden evliyanın kutbu Mevlana Halid-i Bağdadi Hazretleri'nin şöhret ve itibarını çekemeyerek, kendisini halifeye çekiştirmiş.

Demiş ki, "On binlerce adamı vardır. Devlet ve saltanat için tehlikelidir. Ortadan kaldırılması lazımdır." Halifenin ceza alması için uğraşmış, Sultan Mahmud ise:

"Din adamlarından devlete zarar gelmez" diyerek onun sözüne kıymet vermemiş. Mevlana Halid Hazretleri bunu duyunca halifeye hayır ve selametle dua edip, "Halet Efendi'nin işi (Mevlevi olması dolayısıyla) piri Celaleddin Rumi'ye havale etmiş.

"Rumi onu huzuruna çekip cezasını verecektir" buyurmuş. Az zaman sonra Sultan Mahmud Han, Mora İsyanı'na sebep olduğu için Halet Efendi'yi Konya'ya sürmüş.

Devrinin ilgi çekici şahsiyetlerinden olan Halet Efendi, zeki ve hitabeti kuvvetli bir şahıs olarak kendini göstermiş. Son derece kindar olup, muhaliflerini ve menfaatine dokunanları bilhassa makamına rakip gördüklerini katiyen affetmez, onları uzaklaştırıp ezmedikçe kalbi rahat etmezmiş.

Bir gün bahçede gezerken, bahçıvan, bir incir fidanını söküp atmış. Yakınlarından biri bahçıvana, "Bu fidanı atma! Birinin ocağına dikmek için efendi hazretlerine gerekir" demiş.

Halet Efendi, kethüdalık mertebesine yükselen Moralı Osman Efendi'yi azlettirmiş, rütbesini aldırmış, geçim derdine sokmuş. Bütün bunlara rağmen, Osman Efendi bayramlaşmak için Halet Efendi'ye geldiğinde, kapıda karşılayarak, kapıya kadar teşyi etmiş. Bu davranışı hakkında soranlara:

"Evet ben bu adamı sevmem, elinden her şeyini aldım. Fakat üzerinde bir Osmanlı efendiliği var ki, işte onu alamıyorum" demiş.

Sultan II. Mahmud bir gün Galata Mevlevihanesi'ne gittiği zaman mezar taşına gözü ilişince, dergâhın şeyhi olan Kudretullah Dede'ye dönerek:

"Şeyhim bizim Halet'e ne dersin?" demesi üzerine, Dede, "Efendim o da bir Halet idi geçti" cevabını vermiş. Bu cevap ise meşhur bir şekilde akıllarda kalmış.

Bu kısa araştırmadan sonra artık yavaş yavaş içeri girme vakti gelmişti. Mevlevihane girişinde semahane alanı, alt katta derviş odaları, üst katta ise parmaklıklarla ayrılmış mahfiller kısmı vardı. Daha çok bir müze halini almış bir ortamla karşılaştım. Müzenin ana konusu ise sufilik, tarikatlar ve son Mevleviler idi.

İçeride açıkçası çok zaman geçirmedim, nedense Şeyh Galip Türbesi'ne tekrar yaklaştım, orada beni çeken bir şey vardı. Hava kararıyordu artık. Türbenin dibine çöküp oturdum. Derin derin nefes aldım. Buranın manevi atmosferini ciğerlerimde hissetmek istiyordum. Bu derin nefeslerin sebebi buydu aslında. Gözlerim tekrar kapanmaya başlıyordu. Üzerimde sanki bir ağırlık vardı ve bu ağırlık beni belli ki tekrar bir âleme götürecekti.

MEVLANA CELALEDDİN RUMİ

"Halk gece olunca uykuya dalar uyur.
Âşıklar ise bütün gece Allah'a yalvarırlar,
dua ederler, adeta O'nunla söyleşirler."

Gözlerimi hafifçe araladığımda yine nurla dolu bir odanın içinde buldum kendimi. Küçük bir oda olmasına rağmen sanki uçsuz bucaksız bir şehir gibiydi burası. O kadar ferah ve huzur verici... Odanın uç tarafında köşede oturup diz çökmüş biri vardı.

Ellerini birbirine adeta bağlamış, boynunu bükmüş, heybetli mi heybetli. Sırtında bir hırka, başında külah sarık vardı. Kendisine yaklaşınca hafifçe başını kaldırdı. Gözlerime baktı. Yüzünde tebessüm hâkimdi. Öyle babacan bir yapısı vardı ki... Bu Mevlana idi onu tanımamak ne mümkün!...

"Hoş geldin evlat!" diye beni karşıladı ve istifini hiç bozmadan sözlerine devam etti:

"Âşıklar bir gün bir yerde tanışmazlar, aslında onlar ezelden beri iç içedir. Sadece bedenleri ayrı mekândadır. İşte şimdi bedenin de burada. Peki, sen en büyük putu kırdın mı?"

Bu soru karşısında tamamen afallayıp kalmıştım. "İçimdeki put nedir ey Allah aşkıyla tutuşan Pir!" diye soruverdim. Çünkü ben Mevlana'yı hep Allah aşkını insanlara yayan bir aşk elçisi olarak görmüştüm.

Mevlana bu sefer daha ciddi bir ses tonuyla cevap verdi: "Put, senin nefsindir evlat. O en büyük puttur. Senin içinde çöreklenmiş padişah gibi tahtını kurmuş ve seni de ele almış.

Nefis putların anasıdır. İnsanların yaptıkları putlar yıkılabilir, yok edilir ama içindeki put her daim sen onu öldürsen bile tekrar canlanır. Sen her ilişkinde, her olayda içindeki put ile karşılaşıyor, onun fitnelerini dinliyor ve kalbini kirletip aşktan uzaklaşıyorsun.

Seni asıl yoran insanlar değil, seni yoran nefsindir. Kaf Suresi'nde yüce Allah buyurdu işitmedin mi? İnsanı biz yarattık, nefsinin de ona fısıldadıklarını iyi biliriz, biz kulumuza şahdamarından daha yakınız, diye.

İşte o fısıltı içindeki nefsinden geliyor. Sen baban ile imtihan oluyorsan, o ses sana sürekli babanı hatırlatıyor. Halbuki baban adaletsiz davranmış olabilir ya da eşin haksızlık yapmış olabilir ama bunu sana kim hatırlatıyor? İçini sürekli kemiren ses nedir?

İmtihan olduğun insanlar kendi hayatlarına devam ederlerken, seni olduğun yerde tutan bazen de geçmişe götürüp yaşadıklarını hatırlatan kimdir? İşte o nefsindir. Sana fitne tohumları ekerek gönlünü lekeliyor, aşkı kirletiyor.

Evlat! Bu haklı ya da haksız olma davası değildir. Haklı isen hak yerini bulur, haklı isen Hak seni korur; yeter ki senin içindeki aşk ölmesin. Sen işte o aşk ölürse zarardasın. Yoksa dert, imtihan bunlar ikramdır. Bunlar varsa sen kârdasın.

Birazdan sana insanların nefsi yüzünden hakkımda neler söylendiğini, ne yalanlar ortaya çıktığını anlatacağım. Nefis hiçbir şeyi beğenmez. O Rabb'ini bile beğenmiyor ki seni beğensin. Bak Allah'a inanmayan o nankörlere. Hepsi nefislerini put edinmişler. İçlerindeki sese uyarak ona köle olmuşlar.

Oğul! Duyacakların seni şaşırtmasın, bu hakikatin ta kendisidir. Sana hepsini açıklayacağım. Sen dilerim ki nefsini Evliya yapanlardan olursun. Onu boş bırakıp Eşkıya olmasına seyirci kalmazsın. Eğer onu boş bırakırsan şeytanın çetesine mensup olur, ondan aldığı emirleri sana verir durur.

Güneş çıkıp ısınırsa nefis ejderhalığını ilan eder. O donmuş bir ejderhadır. Onu şehvet güneşinden uzak tut. Onun en çok arzuladığı şeyin başında yemek vardır. Boğaz sevdasına düşen nice balık vardır ki, bak insanlara yem olmuştur. İnsan da nefis denen şehvetin oltasına düşerek şeytana yem olmuştur!

Hz. Peygamber (s.a.v.) buyurmadı mı; az yemek ve az kıyafet ile nefsinizi eğitin diye. Siz ne varsa bu nefis yüzünden çekiyorsunuz. O ne isterse hemen alıp veriyorsunuz.

Nefsin hilelerinden biri de kibirdir. İblis, kibri ve kendini beğenmişliği yüzünden Hz. Âdem'e secde etmeyerek Allah'ın rahmetinden kovuldu. Kibir taşıyan insan şerlenmiştir. O şerlilerin en şerlisidir.

Nefis haylaz bir çocuk gibidir. Şımarır durur. Kendini bir yerlere baş olmaya sürekli layık görür. Başta olma sevdasındadır. Onun sevdası budur. Nefis üç çeşit dikendir, ne çeşit koyarsan koy o sana yine batar. Onu eğitmenin en tesirli yolu, gündüzleri oruç tutmak, akşamları az uyumak, Allah'ı devamlı anarak zikretmektir."

Sözlerinin burasında durdu Hz. Mevlana. Ben bu sırada içimden az önce Pir'in söylediği kendisine yapılan haksızlık ve yalanları düşünüyordum. Bu dünyada iki tür insan vardır, birileri iyi diğerleri ise kötü.

Evet, bu iyi ile kötünün imtihanıydı aslında. Birileri Evliya birileri Eşkıya... Evliya ile Eşkıya'nın savaşı içindeydi insan bunu net görüyordum. Peki, biz hangi tarafta olmayı seçecektik?

"Tabii ki Evliya" diyerek düşüncelerimin arasına girdi Mevlana.

"Sen nefsine değil, Allah'a kulluk edeceksin. Nefsini de Allah'a kulluk ettireceksin. Senin asli görevin budur evlat!

Şimdi sana çok önemli bir sır vereceğim. Bana yapılan haksızlık, arkamdan çevrilen oyunlar, yalanlar hakkında bilgi sahibi o kadar az insan var ki..."

"Siz de mi haksızlığa uğradınız?" diye soruverdim.

"Allah'ın hangi iyi kulu haksızlığa uğramadı ki? Hangi peygamber? Hangi veli? Hangi mümin?

Sen insanları Aşk'a, imana davet ederken bu yolda yolunu kesmek isteyecek insan şeytanları bol olacaktır.

Ey Can!

Hazreti Âdem bir yılan yüzünden cennetten kovuldu. Sen bu dünyada insan şeklinde yılanlar, akrepler içinde kalmışsın, onlarla beraber yaşıyorsun. Kendine dikkat et. Daima Allah'a sığın. Çünkü sen de artık bu yolda bir Aşk elçisisin. Rahman'ın o kıymetli kullarının Allah'a yaklaşmasına vesile olmak için nefes alıyorsan eğer sen de seçilmiş kullardansın demektir.

Şeytanın maksadı manaya ilgiyi azaltmaktır. Benim ve Şems hakkında söylenenler aramızdaki Allah aşkını başka yerlere çekip kirletmek içindir. Allah aşkını insanların kalbine yerleştirmek için seçilmiş kullara itibar edilmesin diye iftiralar atarlar. Ama has müminlerin kalpleri temizdir, onlar senin de bizlerin de gerçek halimizi tanır. Bizi sözlerimizden, kelamımızdan tanırlar. Kalp denizdir evlat. Dil de kıyıdır. Denizde ne varsa kıyıya da o yansır."

Haklı isen hak yerini bulur, haklı isen Hak seni korur; yeter ki senin içindeki aşk ölmesin. Sen işte o aşk ölürse zarardasın. Yoksa dert, imtihan bunlar ikramdır. Bunlar varsa sen kârdasın.

Biliyor musun? Ben Hayatımda Ney Üflemedim!

Mevlana'nın derin kelimeleri karşısında şaşırıp kalmıştım ve anlatacaklarını büyük bir merakla dinliyordum.

"Evladım..." dedi. "Neyi insanlar bir çalgı sanıyorlar. Ona çalarak neşelenecek bir alet olarak bakıyorlar. İnsanlar anlattıklarımızı, yaşadıklarımızı çarpıttılar. Biz yeni usuller ve ibadet şekilleri de üretmedik. Ney, tambur, rebap bunları biz hiç çalmadık. Bunlar bizim zamanımızda zaten yoktur. Bunlar bizden çok sonra 15. asırda ortaya çıkmıştır. Yani bizim yaşadığım tarihten 3-4 asır sonradır. Varlığından haberdar bile olmadığımız bir neyi nasıl çalmış olabiliriz?

Benim söz ettiğim neyi insanlar çalgı aleti sanarak çalgı çaldığımızı ve dinlediğimizi zannettiler.

Asıl Ney, İslam Dininde Yetişen Kâmil, Yüksek İnsan Demektir

Ney makamındaki insanların zihni her şeyi unutur, daima Allah'ın rızasını arar ve Allah'ı anarlar.

Oğul! Ney Farisi dilinde "yok" demektir. Kâmil insanlar da kendi varlıklarından yok olmuştur. Mevlevilik sonradan cahillerin eline düştüğünden neyi çalgı sanıp bu tür çalgılar çalarak ibadete haram karıştırdılar.

Ne ben ne de Şems, Peygamberimiz (s.a.v.) sünnetinden hiçbir an ayrılmadık. Ama sonradan neyleri, çalgıları toplayarak bizim türbemize koydular. İnsanlar da akılları sıra onları bizim çaldığımızı sandılar, sonra toplumda böyle bir algı oluştu.

Oysa Mesnevi Şerhi'ni okusalardı insanlar tüm hakikati öğreneceklerdi. Bu tür şeylere inanmayacaklardı.

Ey evlat! Ney çalmak, ilahiler söylemek, danslar etmek, zıplamak ve hoplamak bir kenara dursun, biz zikri yüksek sesle dahi yapmazdık! Bak ne buyurduk ta o zamanlar gerçek *Mesnevi*'de:

"Pes zi can kün, vasl-ı Canan-ra taleb

Bi leb-ü gam migu nam-ı rab."

(O halde, Canan'a kavuşmayı, canıgönülden iste

Dudağını bile oynatmadan, Rabb'inin ismini kalbinden söyle.)

İşte biz Allah'ı böyle anardık, değil raks etmek dudağımızı bile oynatmazdık. Sonradan gelenler, bizim bunları raks yaptığımızı, gazeller attığımızı, sema halinde döndüğümüzü zannederek sadece nefislerini zevklendirmişlerdir. Bu dine uygun bir hal değildir, bu ibadet olamaz. Ama onlar bunu dinimize, İslamiyet'e uygun hale getirmeye çalıştılar. İnsanlar eğlensin diye bunu şov haline getirip bizim için onlar da böyle döner döner dururdu, dediler.

Bu cahiller, Mevlana da böyle yapardı, biz Mevlevi'yiz, onun yolunda yürüyoruz diyerek halkı kandırdılar.

Nefislerine uydular. Onların nefisleri Eşkıya'dır!

En büyük düşman nefistir. Onu eğitmezsen başına iş açar. Ama eğitirsen nefsin işe yarar. Ona muhalefet olur her istediğini yapmazsan meleklerden bile daha yüksek olursun.

Evladım. Allah melekleri yarattı, onlara nefis vermedi, sadece akıl verdi. İnsanları yarattı hem akıl hem de nefis verdi. Hayvanları yarattı, onlara sadece nefis verdi, onlara akıl vermediği için hayvanlar hesap kitap yapamazlar. Bir insan sadece nefsine uyarsa hayvandan ne farkı kalır?

Ama bir insan nefsinin isteklerine muhalefet olursa meleklerden de üstün olur. İşte melekten daha yüksek olmak nefis sayesinde olur.

Bu yüzden sen onunla cihat içinde ol, onun dizginlerini kendi ellerinin arasına al. Ona hizmet ettir. Onu zayıf hale getir. Bunu da ancak ibadet ve zikirle yapabilirsin. Eşkıya nefsini ancak bu şekilde Evliya haline getirebilirsin.

İbadetlerin en kıymetlisi namazdır. Çünkü namaz Allah'ı hatırlatır. Öyle günde sadece beş vakit de değil, daha çok Allah'ı anarsın namaz kılınca. Vakit geldi mi? Abdestim var mı? Gözün, kalbin, kulağın sürekli Allah için hizmet etmeye başlar. İşte bu da bir zikirdir. Allah'ı anmaktır. Allah'ı anmak şifadır oğul. Peygamberimiz (s.a.v.) bir hadisinde böyle buyurmuştur.

Nefis, Allah ile kulları arasında bir duvardır. Bu duvar şöhrettir. Bu duvar amir olmaktır, emirler verme arzusudur. Kibirdir. Kibirden Allah'a sığın. Kibir çok tehlikelidir. Çünkü Allah buyurmuştur, bütün günahların cezasını affederim ama Azamet ve Kibriya bana mahsustur. Kim bunda bana ortak olmak isterse onunla aramı açarım. Şeytan gibi rahmetimden kovarım."

Şems ile Aramda Anlatıldığı Gibi Bir Bağımlılık Yoktu

Mevlana o gün bana çok önemli bir sırrını daha açmak istedi. Şems ile arasında geçenlerin tamamen yanlış duyurulduğunu ifade etti. "Şems..." dedi ve duraksadı. Gözlerime odaklandı. Yüzünde yüzlerce yıllık hakikati içinde tutmanın verdiği bir ifade vardı ve sözlerine devam etti:

"Şems ile aramdaki ilişki Hz. Musa (a.s.) ile Hızır (a.s.) arasındaki ilişkiden farksızdır. Şems ile aramdaki ilişki Hz. Muhammed (s.a.v.) ile Cebrail (a.s.) arasındaki ilişkiden de farksızdır. Ben sadece ilim bilip Âlim iken Şems bana Aşk'ı, Hakk'ı, hak gözüyle bakmayı öğretti. Şems bana sadece ayna oldu.

O görevini yaptı, Allah'ı bilmem ve tanımam için geldi beni Allah ile buluşturdu ve yoluna gitti. Ben Allah'ı bulmuşken bir kulun arkasından niçin feryat figan edeyim? Hz. Musa'nın gözlerindeki perdenin kalkmasına Hızır (a.s.) vesile olmuştu. Hz. Musa (a.s.) Hak gözüyle gördükten sonra Hızır (a.s.) ile yolları ayrılmıştı. Tıpkı benim Şems ile yollarımın ayrıldığı gibi. Hz. Muhammed (s.a.v.) miraca çıkarken ona Allah'a varmak için eşlik eden Cebrail (a.s.) idi. Cebrail Rahmet Elçisi'ne yolu gösterdi, Hz. Muhammed (s.a.v.) Allah'ı bulunca maksada erdi. Bir daha Cebrail, Cebrail, diye arkasından seslenmedi bile.

Şimdi ben Hakk'a varmışken, vasıtayı gözüm görür mü hiç? Allah'a varanın aklında, kalbinde başka bir şey olabilir mi hiç?"

Mevlana'nın bu sorusu beni derinden silkeliyordu. Oysa bugüne kadar anlatılan kahramanlık efsanesinde; Mevlana Şems için şiirler yazmış, onun gitmesine üzülmüş, hayata küsmüş gibi bir algı oluşturulup, yüzlerce kitap yazılmıştı.

Gerçi benim aklımda bu konuda hep bir kuşku vardı.

Gerçekten Allah aşkı ile yanan bir insan nasıl bir kula böylesine bağlı kalabilirdi ki? Mevlana hep bize farkında olmadan bağımlı bir kişilik olarak anlatılmıştı! Tüm bunlar onu kötülemek adına yapılmış bir karalama olmalı. Zaten bu ilişki bir süre sonra bazı kesimler tarafından da sapıklık diye görülmeye başlanmıştı. İlahi Aşk adı altında aslında onların itibarını yerle bir edecek bir düzenek vardı. Şimdi her şeyi çok daha iyi anlıyordum.

Eşkıya yine işbaşındaydı. İnsan kılığındaki şeytanlar her dönem vardı ve kimsenin aklına gelmeyecek şeyler yapıyorlardı...

Mevlana aklımdan geçen bu düşünceleri kalbinden dökülen inciler ile kesiverdi:

"Allahım, sen bizim vehmimizin, şüphelerimizin dışındasın ama bu şüpheleri, bu vehimleri veren kimdir?

Sen, dünyamızdan gizliysen, gözümüze görünmüyorsan, etrafımızda gördüğümüz güzellerin, güzelliklerin, güzel eserlerin yaratıcısı olduğun için sana karşı duyduğumuz hayranlık duygusunu kimin yüzünden hissediyoruz?

Görmediğimiz halde neden seni seviyoruz? Ey yok gibi görünen Aziz Varlık!

Biz birer gölge varlığız, biz yokuz; var olan, eserleri ile kendini hissettiren ebedi ve sonsuz varlık sensin!"

Kalbime işleyen bu dizelerden sonra sözlerine devam etti:

Ey oğul!

İnsan gölgedir, Allah Baki'dir. İnsan ölümlüdür, Allah daimdir. Şems gölgedir, Şems ölümlüdür. İnsan hiç ölümlü olana, gölge olana bağımlı şekilde yaşar mı? Kula olan bu bağımlılık yüce Allah'ın gücüne gitmez mi?

Sevilmeye layık olan Vedüd sıfatının sahibi Allah iken ben Şems için nasıl büyük sevda duyabilirim? Allah bana sormaz mı, ey Mevlana ben sana yetmiyor muydum da sen Şems Şems diye yollar gözledin?

Benim gerçek rubailerimi okuyanlar iftira hadiseleri hemen ayırt edebilirler." Mevlana sözlerinin burasında duraksayıp derin bir iç çekişten sonra:

"Ey aşkının susuzluğuna bizim gibi yüz binlerce insanın feda olduğu üstün varlık, bana ne su ver, ne ekmek ver, ne huzur ver, ne uyku ver! Ben yalnız Sen'i istiyorum" dedi.

"Şimdi söyle evlat! Ben böylesine Hak âşığı iken Allah'ın yarattığı bir kula nasıl bağımlı derecede âşık olabilirim?

Cenab-ı Hak Davud'a (a.s.) buyurdu ki:

'Ey Davud! Bizi sevdiğini iddia eden kişi;

yatağa girip bütün gece uyursa, onun sevgi iddiası yalandır.'

Bütün geceler Cenab-ı Hak'tan şöyle hitaplar, sesler gelip durmakta:

'Ey kulum! Herkes uykuya daldı, kalk! Seninle manen buluşalım. Bu fırsatı kaçırma! Bu fırsat her zaman ele geçmez.

Öldüğün zaman bu can bedenden ayrılınca, bu gecelere çok hasret çekersin, özlem duyarsın.'

Halk gece olunca uykuya dalar uyur. Âşıklar ise bütün gece Allah'a yalvarırlar, dua ederler, adeta onunla söyleşirler.

İşte evlat, bizim gecemiz de, gündüzümüz de sadece Allah'tır. Ben sağ olduğum müddetçe Kuran'ın kölesiyim. Ben Muhammed Mustafa'nın (s.a.v.) yolunun tozuyum. Bunun dışında kim ne söz söylerse ben o sözlerin dışındayım. O sözlerden bizarım yani bezginim...

Dinle oğul!

Ölüp gidenler derler ki: 'Boş yere ne olmayacak gamlar yemişiz, üzülüp durmuşuz! Ömrümüz, çeşitli vesveselerle geçti gitti!

Bir hayal için düğünler yapmışız, evler kurmuşuz; yine hayal için zırhlar giyinmişiz, savaşa girmişiz!

O düğün de, o savaş da, o yas da hep boş şeylermiş; bütün bunlar, bu nefsin işleri imiş!... Bugün ne ondan bir oyun kaldı, ne bundan bir ağıt, bir feryat!...'

Dünya âleminde başlarına gelenlerden ötürü yüzlerine vururlar, yüzlerini yırtarlar, dövünürler dururlar. Fakat, gaflet uykusu sona erince, görürler ki, yüzlerinde bir tırmık beresi bile yok!

Nerede o bizimle sütle bal gibi kaynaşan, nerede o bizimle su ile yağ gibi bir türlü uzlaşamayan?...

Şimdi, gerçekler belirdi; uyku da geçti , hayal de!...

Şimdi, huzur var, rahat var, emniyet, istirahat var; ne bizlik kaldı, ne benlik!...

Şimdi, ne ihtiyar var ne genç; ne esir var ne de eşkıya; ne yumuşak var ne sert kaldı!... Artık ne mum var ne demir!

Bir renklilik, bir sıfata bürünmüş birlik var; bedenden uçup gitmiş, bedenden kurtulmuş bir can var!...

İşte Şems de beni uyandırdı ve gitti, uyanmış bir insan bir daha mana âleminde uykuya dalmaz. Uykudakiler ise sizleri uyutmaya devam ederler."

Mevlana'ya sordum:

"Peki insan nasıl uyanacak?"

Şöyle buyurdu:

"Sen, kendinden kurtul, benliğinden temizlen, toprak ol, ayak altına seril de toprağından otlar bitsin. Benliği ot gibi üstünden atar, kurursan hoş bir şekilde aşk ateşine yanarsın.

Senin yanışınla meydana gelen kül, toprak, kimya gibi dertlere deva olur."

Mevlana karşımdaydı ve gözlerimin tam ortasına bakarak bana hayattan öğütler veriyordu...

"Dünya hayatında başına gelen belalara, cefa dikenlerine katlan!

Çünkü çektiğin acılar, sıkıntılar seni dikenlerden alır da güllere kavuşturur. Düşmanların lanetini, hakaretini, küfürlerini şerbet gibi iç!

Çünkü bu lanetler, hakaretler, küfürler, seni lütuflara, senalara, aferinlere, manevi derecelere ulaştırır.

Şu dünyada başa gelen bela gizli bir incidir.

Hatta bizce inci değil bir hazinedir, ama yabancılara, Hak âşığı olmayanlara, yılan gibi görünür.

Aklını başına al da, fani olan bu dünya zindanında kimsede vefa arama! Bu dünyanın vefası bile vefasızdır!

Ruhların çarşafı gibi olan güzel fakat fani bedenlere gönül verme!

Onları güzel Yaratan'ı düşün! Onu sev, balçığa eşek sürme de, eşek gibi balçığa saplanıp kalma! Yani balçıktan yaratılmış olan bedene takılıp kalma!

Dilenciden bir şey dilenmek akıl kârı değildir. Dünya bir dilencidir. Sen de asıl padişahı unutuyor, dünyadan bir şeyler istiyorsun.

Zavallı dünya! O da tesiri yüksek bir şarap içmiş de mest olmuş bir yerde duramıyor, dönüp duruyor.

Evlat! Herkes gece uyuduğunda sen uyuma, de ki:

Allahım sana hamdolsun ki, şu anda herkes uykuda ben ise uyanığım. Benim bu gece yaratıcı ile işim, gücüm var. Allah'ın hoşnutluğunu kazan. Allah ile konuş, şöyle seslen: Allahım kader gereği bana verdiğin ıstıraplardan, yaralardan kaçmam, onlardan şikâyet etmem! Çünkü Sen'i seviyorum. Sen'in sevgi ateşinle yanmayan gönül soğuktur, hamdır.

Allahım!

Nasıl ki, bizim işimiz az bir ihsanda bulunmak, Sen'in şanın da azı çok görüp beğenmekse, lütfet de, bize o çeşit yardımda bulun! Yani, azımızı çok olarak kabul buyur!

Allahım!

Bizi, nefsani arzulardan, bedenimize ait isteklerden, şehvet ve hiddetten kurtar, akıl ve vicdan âlemine ulaştır!

Bizi, asıl vatanımız olmayan şu dünyadan al, ötelere, yücelere götür!"

Mevlana arada tebessüm ederek göğe bakıyor sonra tekrar gözlerini üzerime dikip öğütlerine devam ediyordu.

"Evlat, Allah ile iyice samimi ol, korkma. O'na her istediğini söyle. O samimi kullarını sever. O'nu istediğini her daim belli et. O senin ne istediğini bilir ama bunu senden duymak ister. De ki:

Ya Rabbi! Bu coşkunluğum nedir, yüzüme gerilen perde nedir?

Çünkü, benim için her şey Sen'sin; bana bir de Sen'sin, bin de Sen'sin, Sen!...

Her an, susarken de, söylerken de gözümde Sen'in aşkın, Sen'in hayalin var; benim rızkım da Sen'sin, zamanım da Sen'sin!...

Evlat!

Allah'tan bir şey isteyeceğin vakit önce O'nu öv. Allah hem övgüye layık olandır hem de övgüyü çok sever.

De ki:

Ey gökleri aydınlatan ilahi çerağ, ey yeryüzünü nurlandıran Allahım; benim dertli halimi gör, feryadımı, iniltilerimi dinle, işit!...

Yüzlerce beladan kaçtım, senin merhametine, inayetine sığındım! Merhamet elini başıma koy, beni okşa; yahut iyilik ve ihsan eteğini aç, iyilikler saç!...

Ya benim muradımı ver, isteklerimi kabul buyur, yahut bu murat ve istek duygusundan beni kurtar, bu dünya duygularını, isteklerini benden al!

Vereceğin lütfu geciktirme; dualara cevap veririm vaadini yerine getir de şu âciz kulun senin icabetinle kendini değerli hissetsin.

Ya öyle yap, ya böyle yap!...

Allahım ben senin büyüklüğünü, üstünlüğünü, güzel sıfatlarını yazınca, kalem aşkından, hayranlığından yarılır.

Sen'in gibi eşsiz bir varlıktan ayrı düştüğüm için aklım şaşırır, yolunu kaybeder.

Ben Halil İbrahim gibi aşk ateşine düştüm, yanıyorum. Fakat Sen'in ateşinin alevlerinden şikâyetçi değilim.

Amansız gamından, verdiğin sayısız dertlerinden de baş çekenlerden değilim. Çünkü Sen'i seviyorum.

Allahım, müşkül işlerimi kolaylaştır! Sen bana gönül ver, gönül ihsan et!"

Dünyanın bütün dertleri beni de bulsa
yine de Allah'ın
bana yardım edeceğinden
zerre endişe etmem.

Mevlana sözlerinin burasında durdu. Ellerini göğe doğru kaldırıp bir şeyler fısıldadı. Belli ki Allah'a içinden dua ediyordu. Ben ise hâlâ inanamıyordum. Mevlana ile Halvet içindeydim. Tıpkı Şems'in kendisine zamanında ayna olduğu gibi, şimdi de Mevlana bana ayna oluyordu Allah yolunda. Allah'ı daha önce hiç bu kadar yakın ve net hissetmemiştim. Mevlana'nın sözleri ilaç gibi geliyordu ruhuma. O an anladım ki Allah dostlarının sözleri, tesirli bir ilaçmış, ruhlara, kalplere dokunuyormuş.

Mevlana ile Şems'i düşündüm. Şimdi ben Allah'ı bulma yolundayken bile gözüm, bana ayna olan Mevlana'yı görmüyorken, Mevlana Allah'ı bulmuş durumda Şems'in peşinden nasıl koşmuş olabilirdi ki?... Gerçekten taşlar yerine oturuyordu. Mevlana az önce hakikati açıklamıştı; fakat bunu yaşayarak öğreniyordum.

Mevlana zihnimden geçenleri adeta okumuş olmalı ki rubailerini ardı ardına sıralayarak yine düşüncelerimin arasına giriyordu:

"Dünyada her âşık, kendine bir güzel seçmiştir. Ona gönül vermiştir. Ama biz zaten dünyada Allah'tan başka bir güzel göremiyoruz."

"Ey can; eğer senden başka bir ay yüzlü olsaydı, onu gözümüz görmezdi. Senden başkasını da biz kıskanmayız."

"Ey insanlar; tek ondan, onun güzelliğinden bahsetmeyin de, ondan başka dünyadaki bütün güzeller sizin olsun gözüm yok."

"Güzeller güzeli Allah'ı, pek büyük ve eşsiz varlığı manen hisseden kişi gelip geçici güzelliği bulunan, fani olan güzellere nasıl olur da gönül verir?"

"Allah'ın lütfunu ümit eden kişi, o lütfundan başka hiçbir şeye gönül bağlamaz."

"Âşık kimsesiz, tek başına, yapayalnız kalsa da, o, yalnız değildir; sevgilisi ile gizlice, beraberdir!

Çünkü o, nerede olursa olsun, gerçek sevgili olan Allah ile manen beraberdir!"

"Benim için dediler ki; hayır, Mevlana ilahi aşk ile bağlıydı Şems'e. O sizin bildiğiniz beşer aşkı değildi. Mevlana Şems'te Allah'ı görüyordu bu yüzden gidince üzüldü, ağladı."

"Ey gafiller! O yüce kudreti eğer tek bir kişide görmüş olsaydım bu söylentiler doğru olurdu. Ben Allah'ı uçan kuşta, ağaçta, yerde gökte; baktığım her yerde bulmuşum, sadece O'nu görüyorum. Bana her yer ayna! Nereye baksam O var."

Mevlana sinirli miydi, rahatlamış mıydı anlayamıyordum. Sanki içini döküyordu bana. Sonra dedi ki:

"Evlat, susuyorum.

Ben O'nun aşkı ile kendimden geçmişim, mestim; aklım fikrim dağılıp gitmiş. Yoksa O'nun büyüklüğü, O'nun üstünlüğü, O'nun yaratma gücü, sanatı hakkında çok güzel şeyler söylerdim."

"Peki..." dedim. "Ey Allah dostu! Bu içimizdeki nefis için bana neler söyleyeceksin? Ben onu eğitmek istiyorum çünkü benim nefsim bana kötülük emrediyor."

Dedi ki:

"Sen kendinle, kendi nefsinle dost olma da, kiminle dost olursan ol!

Aklını başına al da sen kendinden, kendi nefsinden kaç kurtul! Senin asıl korkunç düşmanın odur.

Nefsin sana ne derse onun tersini yap. Ona daima muhalefet ol. Namaz kılma yorgunsun derse kalk fazlasıyla namazlarını kıl. Kazalarıyla birlikte kıl. Israr ederse ertesi gün oruç tut. Onun canı pek kıymetlidir, onu aç bırak ki senin canını yakmasın.

Ye derse hemen yeme, uyu derse hemen uyuma. Sevdiği kıyafeti aklına sokarsa onu almakta acele etme. Ona kul olma. Ama ne zaman ki söz dinliyor sana geçmişi hatırlatmıyor, kaygı ve korku vermiyor o zaman ona yavaş yavaş isteklerinden verirsin. Sevdiği kıyafeti alır, sevdiği yemekleri tattırırsın."

Bir anda bir çıtırtı ile irkilip gözlerimi araladım, gri renkli tekir bir kedi ağaç dalları arasında dolaşıyordu... Şeyh Galip'in türbesinin dibindeydim. Karanlık iyice çökmüştü, belki onlarca dakika geçmişti ama ben uzun bir yolculuktan gelmiş gibiydim.

Her şeyi, işi gücü adeta unutmuş bu seyyahlığı, bu gezginliği çok benimsemiştim. Rüya içinde rüyada gibiydim. En son evden çıktığımda eşimle küçük bir tartışma yaşamıştım. Fakat kendimi şimdi daha farklı hissediyordum.

Beynimin içindeki sesler durmuştu. Hafiflemiştim. Bu enerji bana çok ama çok iyi gelmişti. Bir karar verdim o an, ben dünyanın içinde olacaktım ama dünyaya bulaşmayacaktım.

Yeni türbeler, yeni evliyalar ile buluşmalıydım. Henüz nefsimi tam olarak eğitemediğimin farkındaydım çünkü... Daha çok hamdım. Pişip, yanmam gerekiyordu. Bir yandan düşünüyor bir yandan da İstiklal Caddesi'nden yukarıya Taksim Meydanı'na doğru yürüyordum.

Bir sürü insan vardı yukarı ve aşağı doğru yürüyen, aklıma Mevlana'nın konuşmamız esnasında söylediği bir kelime geldi:

İnsan şekline girmiş şeytanlar aramızda dolaşmaktadır...

Etrafıma bakındım. Bunca insanın arasında etten kemikten şeytanın olabileceğini hiç daha önce düşünmemiştim. Mevlana şeytanlaşmış nefisten söz ediyordu. Eşkıya olmuş Nefis'ten... Eğer onu gereği gibi eğitemezsem benim nefsim de kötülüğü emreden bir şeytan olabilirdi. Hemen dua ettim içimden, Allahım nefsimin şerrinden ve nefsimin şeytanlaşmasından sana sığınırım.

Beni ne sahip olduğum mal mutlu etmişti, ne de kariyer. Beni mutlu eden o muazzam enerjiyi aramaya devam etmeliydim. Ama artık nereye gideceğimi bilmiyordum. Eve döndüm. Eşim kapıyı açtığında yüzümdeki huzuru fark etmiş olmalı ki, o da tebessüm ederek beni karşıladı. Sanki hiçbir şey olmamış gibi davranıyordu. Ben ona kızsam bile son zamanlarda o hep aslında sessiz kalmıştı...

İkimiz de hiç susmadan saatlerce tartışabiliyorduk. Uzun zamandır aklımdaydı bu değişiminin sebebini ona sormak. Sahi bunu nasıl başarabiliyordu? Kendisine, nasıl her şeyi bir anda böyle unutup tekrar eski haline dönebiliyorsun, ben gergin olduğumda sen nasıl böyle sükût içinde kalabiliyorsun diye sorduğumda bana birkaç gün önce bir kıssa okuduğunu ve benimle paylaşmak istediğini söyledi.

Ardından anlatmaya başladı:

"Ebu Müslim Havlani isminde bir zat bir toplulukta konuşulanları dinlemekteymiş. Hemen hepsi de hanımından şikâyette bulunmaktaymış. Ancak Ebu Müslim'de şikâyet filan yokmuş. Demişler ki:

– Veli gibi bir hanıma düştün de sesin sedan çıkmıyor değil mi?

Omuzlarını silkerek cevap vermiş:

– Bizimki veli filan değil kelimenin tam manasıyla delidir deli!...

– Öyle ise, demişler, nasıl geçiniyorsun böyle deli biriyle?

Cevap vermiş:

– Ben usulünü biliyorum da öyle geçiniyorum, kavga gürültümüz o yüzden olmuyor!...

Büsbütün meraka düşmüşler.

– Deli gibi biriyle kavgasız gürültüsüz geçinmenin usulü nedir ki, diye sormaktan kendilerini alamamışlar.

Şöyle izah etmiş Ebu Müslim, geçinmenin sırrını.

Demiş ki:

– Allahü Azimüşşan, Âdem Aleyhisselam'ı topraktan yarattığında bedenine önce aklı koydu. Akıllı bir adam oldu.

Sonra öfkeyi yarattı. Ona da Âdem'in bedenine girmesini emretti.

Öfke:

– Ben, dedi. Âdem'in bedenine giremem. Çünkü orada akıl vardır! Akılla ikimiz bir yerde asla duramayız!...

Rabbimiz buyurdu:

– Ey öfke! Sen Âdem'in bedenine girmeye çalış, oraya yönel. Akıl senin geldiğini görünce hemen çıkıp gider, kendi yerini sana bırakır. Böylece sen de Âdem'in bedeninde hükmünü icra edersin.

Ebu Müslim demiş ki:

– İşte biz hanımla bu konuda anlaştık. Dedik ki; mademki insana öfke gelince akıl gidiyor, insan delinin teki haline geliyor. Öyle ise evde kim öfkelenirse o an sanki o delidir. Deliye karşı ise bir veli lazımdır. Ben öfkelenirsem hemen farkına varacaksın, sabır gösterip ters cevap vermeyeceksin. Çünkü ben o an deli sayıldığımdan deli adamdan her şey beklenir diyerek veli rolüne gireceksin, aklım gelinceye kadar bir deliye bir veli rolü oynayacaksın.

Ebu Müslim burada şunu da ilave etmiş:

– Tabii, bu sabır benim için de geçerli bir görevdir. Bazen hanım öfkelenir, bu defa o deli durumuna girer bana veli rolü düşer, ben bir veli gibi sabır gösterir, karşılık vermemeye çalışırım. Aklı gelip de akıllı insana muhatap olduğumu anlayıncaya kadar, bu sabır devam eder.

Ebu Müslim bundan sonrasını şöyle tamamlamış:

– İşte, der, ey dostlar, benim hanımdan şikâyetçi olmayışımın sebebi budur. Gül gibi geçinip gitmemizin sırrı da buradadır. Tavsiye ederim, siz de bir deliye bir veli rolü oynayın, öfkelenince karşı taraf veli rolüne girsin, sabır ve tahammülü esas alsın, göreceksiniz ki tartışma kısa zamanda son bulacak, taraflar birbirlerine karşı sevgiyle dolacak. Çünkü öfkeli taraf kendisine karşılık verilmeyişinin takdirini, minnettarlığını duyacak. Bu da mutluluk vesilesi olacak.

Kıssa bitince öyle bir gülmeye başladım ki, hanım da şaşırdı bu halime. Olanları kendisine anlatmalı mıydım bilmiyordum ama şöyle açıkladım:

- Hanım benim ham iken pişmem için evliya evliya dolaşmama gerek yokmuş, senden de çok şey öğrenebilirmişim..."

İkimiz de o an gülümsüyorduk. Çok şükür ki Allah'a her şey yavaş yavaş yoluna giriyordu. Eşim mutlu olunca ben de mutlu olmuştum çünkü kendimi çoğu zaman suçlu hissediyordum. Bazen iyi eş olmadığımı düşünüyordum...

Saat iyice geç olmuştu, çalışma odama çekildim. Uzun zamandır kullanmadığım, sadece kandil geceleri aklıma gelen seccademi çekmeceden çıkarttım ve kıbleye doğru serdim. Abdestimi tazeledikten sonra vaktin namazını ve kaza namazlarımı eda ettim. Sonra tüm bu olaylar için iki rekât da şükür namazı kıldım.

Kendimi adeta kuş gibi hissediyordum. Ruhum özgürleşmişti. İçimde koca bir boşluk vardı. Aklımda ise yeni öğretiler ve evliyalar. Dileğim buydu. O halde ben tekrar onlarla görüşmek adına dilek namazı kılmalıydım. Namazın nasıl kılınması hangi rekâtlarda hangi surelerin okunduğuna dair kısa bir araştırma yaptıktan sonra seccademi henüz toplamamıştım ki yine evliyalar ile buluşmak niyetine girip Allah rızası için dört rekâtlık hacet namazımı kılmaya başladım. Namazın sonunda selamımı verdikten sonra bir süre daha oturup zikir çekmek istedim.

Allah'a dost olmak istiyordum. Bu yüzden ya Allah ya Veli diye zikir geçti içimden... Aklıma gelen bu zikir beni şaşırtmıştı, daha önce hiç aklıma böyle şeyler gelmezdi. O an Abdülkadir Geylani Hazretleri'nin sözü geldi aklıma. Zihnine gelen düşünceler şeytandan bazen de melekler ve Allah'tan gelir. Sanırım bu sesi sık sık duyacaktım.

Fısıltıya kulak verdiğimde fark ettim bu seferki ses rahmani bir ilhamdı. Hem namaz kılmam hem de zikir çekmem adına zihnime doğmuştu. Sanırım nefsim yavaş yavaş Evliya olma yoluna girmişti...

Zikirlerimi çekerken yine içim geçmeye başlamıştı ve gözlerimin kapanmasına hâkim olamıyordum...

İMAM GAZALİ

"Nefis bir elçidir. Ya hayır konuşur ya şer.
Sen onu boş bırakırsan şerre talip olur.
Eğer onu eğitirsen hayra döner hayr konuşur."

Uyandığımda yine o nurla çevrili Konsey alanında buldum kendimi. Öteden yanıma yaklaşmakta olan bir ses işittim:

"Hoş geldin oğul!..."

Sesin sahibi yanıma varınca kendisini tanıttı:

"Ben Muhammed bin Muhammed bin Muhammed bin Ahmed'im. Lakabım Huccet-ül-İslam ve Zeyneddin'dir. Ama beni Gazali olarak tanırlar. İmam Gazali..."

O an anladım ki büyük İslam âlimi Horasanlı İmam Gazali beni nefis konusunda eğitecekti... Rahmetli dedem dinimize çok düşkündü. Küçükken hep ona benzemek isterdim aslında. Bana İmam Gazali hakkında bir menkıbeyi anlatmıştı.

Peygamber efendimiz (s.a.v.) Miraç'ta iken Musa Aleyhisselam ile görüşür. Hazreti Musa, "Ümmetimin âlimleri İsrailoğullarına gelen peygamberler gibidir buyuruyorsunuz. Bir âlim nasıl olur da peygamber gibi olur?" der. Peygamber Efendimiz (s.a.v.) bir âlim çağırır.

Hazreti Musa (a.s.) gelen âlime sorar:

– Senin adın ne?

– Muhammed bin Muhammed bin Muhammed Gazali.

Hazreti Musa sorar:

– Ben sana adın ne dedim, sen ta dedelerinin adını bile söyledin. Böyle söylemek uygun mu? Sadece sorulana cevap vermek gerekmez miydi?

- Efendim, Allah-ü Teâlâ, (Ya Musa elindeki ne) diye size sorduğunda siz, asa demekle kalmadınız

(O benim değneğimdir. Ona dayanırım, onunla koyunlarıma yaprak silkelerim. Onunla başka işlerimi de görürüm. Bu elimdekini yere vurunca su çıkar, bununla düşmanların oyunlarını bozarım, gerektiğinde bu ejderha olur, sihirbazların sihirlerini yok ederim, yürürken dayanırım. Bu asanın bana çok faydaları vardır) demiştiniz. Öyle değil mi?

- Evet öyle demiştim.

- Maksadınız Allah-ü Teâlâ ile daha fazla konuşmak değil miydi?

- Evet.

–Ben de sizin gibi Ulülazm büyük bir peygamberi bulmuşken konuşmayı uzatmak için dedelerimin de ismini söyledim.

Hazreti Musa, Peygamber Efendimiz'e (s.a.v.) der ki:

- Şimdi anlaşıldı, gerçekten de senin ümmetinin âlimleri Beni İsrail'in peygamberleri gibi imiş.

Allah'a şükürler olsun ki içimdeki nefsi Evliya haline getirme konusunda öğretmenlerim son derece güvenilir ve sözleri tesirli olanlardı.

Ben kendimce tüm bunları düşünürken, İmam Gazali hafifçe yüksek bir zeminin üzerine diz çöktü, kenarda duran rahleyi dizlerinin dibine doğru yaklaştırdı. Benim de karşısına oturmamı işaret etti. Artık önünde diz çökmüş, onun yüce kalbinden dökülecek sözlerini can kulağı ile dinlemeye hazırdım.

"Ey oğul!" dedi Gazali.

"Nefis bir elçidir. Ya hayır konuşur ya şer. Sen onu boş bırakırsan şerre talip olur. Eğer onu eğitirsen hayra döner hayr konuşur. Allah-ü Teâlâ Şems Suresi'nin dokuz ve onuncu ayetlerinde şöyle buyurmuştur:

Nefsini kötülüklerden arındıran kurtuluşa ermiştir, onu kötülüklere gömen de ziyan etmiştir.

Yani nefis eğitilmeyi bekleyen bir çocuk gibidir, canlıdır, ağzı, kulağı ve dili vardır. O insanın içsesidir. İnsanın içinden fısıltı veren odur. Sen nefsi eğitirsen nefis Evliya olur kurtuluşa erer, ama onu boş ve kendi haline bırakırsan kötülüğe sapar, şeytana uyar, şeytana elçilik yapar ve kötülüğü emreder. O zaman insan ziyan etmiş olur.

Nefsin iki hali vardır oğul. O ya Evliya olur ya da Eşkıya her ikisine de meyillidir.

Bir bela ile karşılaştığında eğer nefsin eğitilmiş değilse sana Allah'ı şikâyet ettirir. Sıkıntıya sabretmez muhalefet olur. O her şeyi zaten sıkıntı, dert, bela olarak algılar. Sana bu konuda fitneler verir.

Oysa Belaya hamdetmek lazımdır. Çünkü küfür ve günahlardan başka bela yoktur ki, içinde senin bilmediğin bir iyilik olmasın! Allah-ü Teâlâ, senin iyiliğini senden iyi bilir.

İnsanlar derdi, tasayı, ilişki, para ve sağlık sorunlarını bela olarak görüyor. Oysa bunlar ikramdır, nimettir. Kulu Allah'a sabır yolu ile dost eder. Sen asıl küfre düşürsen kork. Asıl tehlikeli olan isyan ve küfürdür.

Allah-ü Teâlâ'nın her yaptığımızı, her düşündüğümüzü bildiğini unutmamalıyız. İnsanlar birbirinin dışını görür.

Allah-ü Teâlâ ise, hem dışını, hem içini görür. Bunu bilen bir kimsenin işleri ve düşünceleri edepli olur.

Evladım! Edep çok önemlidir hem de çok. Çok çok önemlidir. Niçin? Çünkü kul dilediği kadar zikir çeksin, ibadet etsin, edebi yoksa bütün yaptıkları boşa gider. Nefsini önce edebe alıştır oğul.

Edep bir ağaç gibidir, ibadetler ise o ağacın meyveleri. Ağaç sağlıklı ise meyve verir, eğer ağacın kökleri zayıfsa, çürükse o ağaç meyve vermez. Sadece meyve ağacı diye anılır. Edepsiz Kul da ibadet yaptığını, ibadetlerinin kabul olduğunu zanneder. Ama ahrette hesap gününde boş amellerini görünce şaşırır kalır.

Önce iyi insan olacaksın, annene babana büyüklerine saygılı olacaksın, küçükleri sevecek ve koruyacaksın. Hayvanlara eziyet etmeyeceksin. Allah'ın halifesi olduğunu unutmadan buna layık yaşayacaksın. İman içinde olacaksın. İman etmek Allah'a yakışır kul olmak demektir. İman cennete girmenin anahtarıdır, ibadet, namaz, oruç, zekât bunlar ise o anahtarın dişlileridir.

Her ikisi de mutlaka olmalıdır. Sadece ibadet olursa iman zayıf olursa ne olur? Allah korusun şeytandan ne farkı olur kulun?

Şeytan tam seksen bin yıl Allah'a secde etmişti. İlim yönünden de üstündü, meleklere âlimlik yaptı; fakat sonra ne oldu?

Âdem (a.s.) yaratılıp Allah ona secde edilmesini istediğinde şeytan secde etmedi. Kibir yaptı. Kendini övdü. Ben dedi topraktan yaratılmış bir varlığa mı şimdi secde edeyim? Oysa ben daha üstünüm, ben ateşten var oldum.

Şeytan üstünlük tasladı. Sonra ne oldu? O seksen bin yıl kıldığı namazları bir anda silindi gitti, hiçbir değeri kalmadı! Bu yüzden evlat, önce Allah'a kul olacaksın. Nefsini bu yönde eğiteceksin. Allah'a kul olmadan kulluk nasıl edilir?

Yüce Allah Şuara Suresi 90. ayette ne buyurdu?

O gün cennet takva sahiplerine yaklaştırılır.

Yani, cennete takva sahipleri yakındır, oraya onlar girecektir. Peki, kimdir takva sahipleri?

Allah'tan uzaklaştıran her şeyden kalbi koruyan demektir.

Nefsi arzularına uymayan, nefsin arzularını yerine getirmeyen demektir. Allah'a her hususta itaat eden demektir. İyi niyetli, temiz kalpli olmak demektir.

Allah Kuran-ı Kerim'de sadece namaz kılın, ibadetler yapın diye buyurmuyor. Allah aynı zamanda Âli İmran Suresi 102'de, "Allah'a karşı hakkıyla takva sahibi olun" buyuruyor. Yani, Allah'a her hususta itaat edin, kesinlikle O'na isyan etmeyin, rızasına uygun olmayan hiçbir şeyi yapmayın ve O'nu devamlı zikredin, hiçbir zaman Allah'ı unutmayın!

Büyük bir sükûnet içinde İmam Gazali'yi dinliyor, onun söylediklerini adeta kalbime yazıyordum.

Oğul! Aklı olan kimse nefsine şöyle demelidir: Benim sermayem, yalnız ömrümdür. Başka bir şeyim yoktur. Bu sermaye, o kadar kıymetlidir ki, içimden çıkan her nefes hiçbir şeyle tekrar ele geçmez ve nefesler Allah katında sayılıdır, azalmaktadır. O halde bu günü elden kaçırmamak bunu saadete kavuşmak için kullanmamaktan daha büyük ziyan olur mu? Yarın ölecekmiş gibi bütün azalarını haramdan koru.

Ey nefsim, sonra tövbe ederim ve iyi şeyler yaparım diyorsan, ölüm daha önce gelebilir, pişman olup kalırsın. Yarın tövbe etmeyi bugün tövbe etmekten kolay sanıyorsan, aldanıyorsun.

Nefis ticaretteki ortak gibidir, ortakla önce anlaşma yapılır, onunla hesaplaşılır, hata yapmışsa cezalandırılır. Nefsini daimi hesaba çek.

Peygamber Efendimiz (s.a.v.) buyurmuştur ki: Hesaba çekilmeden önce kendi nefsinizi hesaba çekiniz, amelleriniz tartılmadan önce onu bir de siz tartın. (Tirmizi, *Kitabul Kiyame* 7/26)

Ey oğul! Allah sana ömür adında bir sermaye verdi. Bu sermayene ortak olan nefsine dikkat et. Eğer onu başıboş bırakırsan seni batırır, bütün sermayeyi gereksiz yere harcar bitirir. O yüzden gözün kulağın sürekli nefsinin üzerinde olsun. Nefsinin şeytana uymasına izin verme. Ancak bu şekilde huzurlu ve mutlu olabilirsin.

Nefsin asi ve emirleri kabul etmek istemese de nasihatleri kabul eder."

İmam Gazali bana nefsimi eğitmek adına çok önemli 6 kuraldan söz etmişti. Ve "Birinci kural..." diyerek anlatmaya devam etti:

1. Kural: Nefis ile şartlaşmak.

Peygamberimiz (s.a.v.) buyurdu ki. Yapacağın her işi önce düşün, doğruysa yap, değilse yapma. İşte kul her gün nefisle böyle şartlaşmalıdır.

İmam Şafii (r.a.) şöyle der:

İki tercihle karşı karşıya kaldığın zaman
Ve doğru olan ile yanlış olanı kestiremezsen
Nefsinin meylettiği şeyin tam tersini yap hemen sen
Çünkü nefis insanı hep kötüye iter, ah bilsen!

Mesela evlenmek istiyorsun karşında iki insan var. Şimdi bunların hangisinin hayırlı olduğunu nasıl anlayacaksın? Bu karpuz değil ki kesip içine bakasın!

Hemen nefsini dinle. Nefsin senin huzurunu düşünmez, hangi konuda, yani hangi insan üzerinde bu olmaz, bu sana zarar verir gibisinden konuşuyorsa anla ki o insanda hayır var. Niçin? Çünkü dikkat edersen verdiği bilgi gaybi bilgi. Yani o insanın sana zarar verip vermeyeceğini sadece Allah bilir. Öyle değil mi? O halde çok açık şekilde nefsin seni aldatıyor. Kadere karıştırıyor.

Bu yüzden nefsin sana farkında olmadan yol gösterir. Bu olmaz, bu yaramaz, bu sana göre değil, bu seni üzer diye ısrar ediyorsa onun tersini yap. Nefis iyiliğini düşünseydi kalk namazlarını kıl, bekletme, Allah'ı an diye sürekli aklına düşünce sokardı. O hayırlı olana karşı muhalefettir.

2. Kural: Murakabe etmek.

Murakabe, nefsi kontrol etmektir. Ömür denen sana verilmiş sermaye sana Allah tarafından verildikten sonra onu ortağın olan nefse bırakmamak, onu gözetlemek lazımdır. Nefsin de her an gözetilmesi, kontrolü gerekir. Onu başıboş bırakırsan tembel olur eski haline döner.

Murakabenin özü, bizim her düşündüğümüzü, her yaptığımızı Allah'ın bildiğini unutmamaktır. Allah her halimizi, içimizi dışımızı görür, O Habir'dir. Yani her şeyden haberdar olandır.

Allah Alak Suresi 14'te "(Bu adam) Allah'ın, (yaptıklarını) gördüğünü bilmez mi!" diye buyurdu.

Cüneyd-i Bağdadi Hazretleri'nin bir talebesi vardı. Bütün iyilik ve faziletler onda mevcuttu. Sonradan gelmesine rağmen Cüneyd-i Bağdadi Hazretleri onu pek ziyade seviyor, diğer talebeler ise bu hali çekemiyorlardı. Talebelerinin bu hali Cüneyd-i Bağdadi'ye malum oldu. Talebelerinin eline birer kuş verdi ve:

"Her biriniz bu kuşları kimsenin görmediği bir yerde boğazlayıp getirsin" buyurdu.

Hepsi de kendilerine verilen kuşları aldılar, varıp ıssız bir mahalde boğazlayıp getirdiler. Yalnız o talebesi boğazlamadan getirdi. Cüneyd-i Bağdadi:

"Niçin boğazlamadın?" buyurdu.

"Hocam! Siz, 'Kuşları kimsenin görmediği bir yerde boğazlayın' demiştiniz. Ben ise ıssız bir yer bulamadım. Her yeri Allah-ü Teâlâ görüyordu" deyince, Cüneyd-i Bağdadi buyurdu ki:

"Arkadaşınızın ferasetini gördünüz mü?"

Diğer talebeler bunun üzerine; tövbe edip boyunlarını büküp, Cüneyd-i Bağdadi Hazretleri'nden affedilmelerini dilediler.

Yine bir kişi Cüneyd-i Bağdadi Hazretleri'ne sordu:

"Sokakta kadınlara kızlara bakmadan kendimi kurtaramıyorum, bu günahtan nasıl kurtulabilirim?"

Hazret buyurdu:

"Allah-ü Teâlâ'nın seni, senin o kadını görmenden daha çok gördüğünü düşün. Allah'ın sürekli seni gözetlediğini hisset."

Mısır Sultanı'nın zevcesi olan Züleyha, Yusuf Aleyhisselam'ı kendisine çağırınca önce kalkıp büyük sandığı bir heykelin yüzünü örttü.

Yusuf (a.s.):

"Bunu niçin örttün?" dedi.

Zeliha:

"Ondan utandığım için" dedi.

Yusuf (a.s.):

"Sen bir taş parçasından utanıyorsun da, ben yerleri ve yedi kat gökleri yaratan Rabb'imin görmesinden utanmaz mıyım?" buyurdu.

Evladım! Nitekim yüce Allah Nisa Suresi'nin 1. ayetinde de "Şüphe yok ki Allah üzerinizde bir gözetleyicidir" buyurmaktadır.

İşte bu ayetleri okuyup amel etmen nefsini Evliya hale getirmeye yardımcı olacaktır. Bu ayetleri nefsine hatırlatarak onunla murakabe içinde ol.

Sen de oğul, nefsin üzerinde sürekli bir gözetleyici ol. Şibli (k.s.), Süfyan-ı Sevri'nin (r.a.) yanına geldi, kendisini Murakabe'ye oturmuş, sessiz, hareketsiz bir halde gördü. Vücudunun bir kılı bile kımıldamıyordu.

"Bu güzel murakabeyi kimden öğrendin?" diye sorunca Süfyan-i Sevri (r.a.):

"Kediden öğrendim. Onu bir fare deliğinin ağzında, benim bu halimden daha hareketsiz avını kollarken gördüm" dedi.

Ah oğul! İnsanlar, kendilerini hesaba çekmiyorlar. Eğer her gün bir günah işlediğinde o bir günah sebebiyle odasına bir taş koysa kısa zamanda oda taş ile dolardı.

Eğer, omuzlarımızdaki kâtip melekler her günahı yazarken ücret isteselerdi malımızın hepsini vermemiz lazım gelirdi...

O yüzden Allah'ın senin ne yaptığını bildiğini unutma. Bu tefekkür hali içinde kal. Kendi ve dünyadaki halini unutma. Bütün hareketlerini kontrol et. Yapacağın her iş için iki görüşün olsun.

Birincisi: Bir iş yapmadan önce kalbine nefsinden nasıl düşünceler geleceğini devamlı kontrol etmelisin. Allah'tan doğruyu gelmesini gözet. Kötü bir istek geliyorsa da nefsini ayıpla, ona kız. Bu işin kıyametteki cezasını nefsine hatırlat.

Kulun isteyerek yaptığı her hareket ve hareketsizlik için önüne kıyamette üç defter konulur. Bu defterlerde şu yazılıdır:

Niçin yaptın? Nasıl yaptın? Kim için yaptın?

Niçin yaptığının manası; bunu nefsin için mi, Allah için mi yoksa şeytana uymak için mi yaptın demektir. Bundan kurtulursa nasıl yaptın diye ona sorulur. Yaptığını ilme uyarak mı yaptın, cahilliğe uyarak mı yaptın? Sonra da kim için yaptın?

Bu yaptığın senden yalnız Allah için isteniyordu, O'nun için yaptıysan bunun mükâfatını göreceksin, başkası için yaptıysan karşılığını ondan iste denilecektir. Yani evlat, insanlar desinler diye yaşıyorlar, gösteriş içindeler. Desinler diye Kuran okuyan o kadar çok insan var ki. Allah o zaman buyuracak: "Ey kulum, sen benim rızam için Kuran okumadın, git kimin için gösteriş yaptıysan o senin mükâfatını versin."

Eğer kul şeytan için yapmışsa bunun da cezası vardır.

Şu hadiseyi dinle evlat!

Vaktiyle bir derviş bir ramazan akşamı iftara davetliymiş. Derviş, yatsıya yakın evine dönmüş ve karısından mümkünse kendisi için sofra hazırlamasını istemiş. Karısı:

"Sen davette değil miydin? Ne yemeği?" deyince derviş:

"Sorma" demiş. "Çok yersem arkamdan 'Halis derviş değilmiş' diye konuşmalarından korktum, pek bir şey yiyemedim."

Bunun üzerine karısı:

"Tamam" demiş. "Sen şu akşam namazını kıl da ben o arada sofrayı hazırlayayım."

Derviş:

"Ama" demiş. "Ben akşam namazını orada kılmıştım."

Karısı cevap vermiş:

"Sen arkamdan kötü konuşurlar diye pek yemek yiyemediğine göre, arkamdan iyi konuşsunlar diye de namazı uzatmışsındır. Hadi, akşam namazını bir daha kılıver de o arada sofrayı hazır edeyim!"

Dünyada âlim adında o kadar çok şeytana uymuş ilim öğretenler var ki, onlara dikkat ediniz. Onlar şeytanın vekili olmuştur. Nitekim Allah Davud'a (a.s.) şöyle buyurmuştur:

"Ey Davud, kendisini dünya sevgisi sarhoş etmiş âlimden bir şey isteme, o seni benim sevgimden men eder. Ayırır. Onlar yol kesicilerdir, kullarımın yollarını keserler."

Bak evladım!

Bu ilimler senin hayatını kolaylaştırmak içindir. Bu ilimle önce amil ol yani hayatına uygula, sonra da insanlarla paylaş. Biz sana kaynaktan sağlam hakiki bilgiler veriyoruz.

İmam Gazali aslında çok önemli bir konuyu benimle paylaşmıştı. Bu konudan mustarip olan o kadar çok insan vardı ki... Sahte şeyhler, sahte hocalar, bunlar hep dine bidat katmışlardı. Halk bu yüzden kimseye güvenemez olmuştu.

İmam Gazali bana tefekkür etmemden söz ediyordu. Bunun amellerin çok üstünde bir yerde olduğunu sözlerine eklemişti:

Evlat! Her an Allah'ı an. Kalben O'nu daima hisset.

Yürürken, otururken, çalışırken, yemek yerken...

Mesela yemek yerken Allah'ı an. Yemekte Allah'ın öyle kudreti vardır ki düşününce; rengi, şekli, tadı, kokusu gibi akla hayret verici tarafları bulunur. İnsanın vücudunda bu yemek için yararlı olan, ağız, diş, yemek borusu, mide gibi daha ne nimetler vardır. Vücuda yararlı olanlar kalır kana karışır, ağırlık yapanlar ise atılır. Bütün bunlar Allah'ın akıllara durgunluk veren kudretinin ve sanatının eserleridir. Bunları düşünmek büyük ibadettir. Bu âlimler derecesidir.

Dinle oğul, şair der ki:

“Nefsin her davetine uyarsan eğer
Seni çirkin ve haramlara sürer!

Nefsine karşı çıkmazsan eğer, gider
Hakkında dedikodu yapılacak işlere sürükler.

Bil ki hiç yükselemez ve göremezsin doğru yolu;
Nefsine tabi oldukça sen.”

3. Kural: Amellerden sonra yapılacak muhasebe.

Her gün yatarken o gün yaptığı işler için nefsi hesaba çekmelisin. Sermayeyi kârdan ve zarardan ayırmalısın. Sermaye farzlardır. Kâr da, sünnetler ve nafilelerdir. Ziyan ise, günahlardır.

İnsan ortağına aldanmamak için onunla hesaplaştığı, ona karşı uyanık olduğu gibi nefsine karşı daha da uyanık olmalıdır. Çünkü nefis çok hileci ve yalancıdır. Kendi arzularını sana iyi gösterir, aslında onlar günahtır. Günahı tatlı gösterir. Gıybeti tatlı gösterir. Yalanı tatlı gösterir.

4. Kural: Nefse ceza vermek.

Nefisle hesaplaşılıp kusurlarını görüp ceza verilmezse daha çok hata yapar, kendince cesaret bulur ve şımarır. Yaptığı her kötülük için ona ceza vermek gerekir. Haram yediyse, yabancı helal olmayan kadın ya da erkeklere baktıysa onu bir süre aç bırakmalısın. Abidler, geçmişteki büyükler böyle yaparlardı.

Cüneyd-i Bağdadi anlatır, Kürebi der ki: Bir gece ihtilam oldum, gusletmeye kalkarken eşkıya nefsim tembellik etti, bak hava çok soğuk sonra hasta olursun, sen iyisi mi yat yarına hamama gidersin dedi. Nefsime muhalefet olmak için entari ile gusletmeye yemin ettim ve öyle yaptım. Sonra da ıslak entari ile yattım. Entarim üzerimde kurudu ve ben nefsime, Allah'ın emri karşısında gevşeklik yapan nefsin cezası budur dedim.

Yine Bayezid Bestami Hazretleri'ne bir gün nefsi yoldan geçen kadına bakmasını fısıldamıştı. O ise bunun üzerine sırf nefsi bu dürtüyü kendisine verdi diye bir sene soğuk su içmeyerek nefsini terbiye etti.

Ebu Talha bağında namaz kılıyordu, kulağı bir kuşun ötüşüne takıldı ve kaç rekât namaz kıldığını şaşırdı. Bunun üzerine bütün bağı sadaka olarak vererek, nefsi cezalandırdı. Nefis mal mülk çok sever. O ne seviyorsa oradan mahrum bırakmalı.

Talha (r.a.) anlatır:

– Birisi soyunmuş kızgın kumlar üzerinde dönüyor ve "Ey murdar sabaha kadar geceyi boş geçirdin senin elinden ne zaman kurtulacağım?" diyordu.

Resulullah (s.a.v.) oradan geçiyordu:

"Niçin böyle yapıyorsun?" buyurunca adam:

"Nefsim bana hâkim olmak istiyor" dedi.

Resulullah (s.a.v.) buyurdu ki:

"Gök kapıları senin için açıldı. Allah-ü Teâlâ, melekler seninle övünüyor."

Sonra eshabına:

"Gidin nasibinizi ondan alın" buyurdu.

Hepsi gidip:

"Bize dua edin efendim" dediler.

Adam hepsine tek tek dua eyledi.

Resulullah (s.a.v.):

"Hepsine birden dua eyle" buyurdu.

Sahabe:

"Ya Rabbi, onların azığını takva eyle ve hepsini doğru yolda bulundur" dedi.

Resulullah (s.a.v.) da:

"Ya Rabbi, onu tasdik eyle, yani diline daha iyi dua ihsan et" diye dua edince o sahabe:

"Ya Rabbi hepsinin yerini cennet eyle" dedi.

Ahnef bin Kays (r.a.) gece kandili eline alır, parmağını aleve tutar ve:

"Ey nefsim! Falan gün niçin öyle yaptın, filan şeyi niçin yedin?" derdi.

Dinini kayıran büyükler böyle yapmışlar. Ona ceza verilmezse başa çıkamayacaklarını anlamışlardır.

Dinle, şair der ki:

"İstersen şayet bütün övgülerin sana gelmesini
Ve elde etmeyi, arzuladığın Rabb'in rahmetini

Durma nefsin çirkin arzularına karşı dur!
Çünkü nefsin arzusu aşktan daha kötüdür.

Her ikisi de insanı durmadan felakete savurur
Ancak âşık iffeti nispetinde günahtan uzak durur!
İyi bil ki nefse uymak günahları artırır
Aklın varsa nefsin arzusuna karşı çık!"

5. Kural mücehade etmek.

Yani evlat mücehade; tasavvufta nefis ile savaşmak demektir. Onun arzularına karşı mücadele etmektir. Mücadele olmazsa nefis kula Allah'ı unutturur, onu gaflete düşürür. Nefis Eşkıya olarak kalır.

Bazıları nefisleri gevşeklik ve kabahat yapınca ceza olarak çok ibadet ederlerdi.

Abdullah bin Ömer (r.a.) bir namazda cemaate yetişmeseydi o gece uyumazdı.

Abdullah bin Ömer (r.a.) bir gün hava kararıp iki yıldız görününceye kadar akşam namazını geciktirmişti. Namazı bu kadar geciktirdiği için iki köle azat eyledi.

Böyle yapanlar çoktur.

Nefsine ibadetleri seve seve yaptıramayan kimseye en iyi ilaç; çok ve seve seve ibadet eden kimsenin yanında bulunmaktır. Onun ibadetleri zevkle yaptığını görünce kendi de buna alışır.

Rivayet edildiğine göre Cenabı Allah Musa'ya (a.s.) şöyle vahyeder:

"Ey Musa! Beni öyle zikret ki zikrederken uzuvların ürpersin. Zikrederken kalbin huşu ve huzur içinde olsun. Zikir esnasında dilinden çıkanlar kalbinin derinliklerinden süzülüp gelsin. Huzurumda durduğunda alçakgönüllü bir kulun duruşu gibi dur. Bana ürperen bir kalp ve doğru sözlü bir dil ile duada, niyazda bulun."

"Eğer ibadetlerini seve seve yapan kimseyi bulamazsan, ibadetlerini seve seve yapan büyüklerin hayatlarını oku. Sana bunlardan birkaçını bildireyim mi?"

Tam da aradığım şey buydu aslında. İbadetlerimi hissederek, aşk ve huşu içinde yapmak o kadar çok isterdim ki... Çoğu zaman namazdan vazgeçişimin, nefsime uymamın sebebi buydu. Aslında hissedemesem bile Allah'ın emrini yerine getirmek gerekirdi ama bende baskın olan nefsimdi ve şimdi çok daha iyi anlıyordum ki benim nefsim tamamen bir Eşkıya imiş.

İmam Gazali'nin sözlerini merakla dinlemeye koyuldum.

Gazali anlatmaya devam etti:

"Evliyaların büyüklerinden Davud-i Tai yemek yemez, ekmeği suyun içine doğrar ve içer, bununla yemek arasında elli ayet okunacak kadar zaman vardır, niçin zamanım boşa gitsin derdi.

Ebu Derda Hazretleri ise dünyada üç şey için kalmak isterim buyurmuştur. Bunlar; uzun günlerde oruç tutma, uzun gecelerde namaz kılma ve salih kimselerin sohbetlerini dinlemek içindir.

Alkama'ya (r.a.) bir gün neden nefsine bu kadar ceza veriyorsun diye sorduklarında, ben onu seviyorum, onu cehennemden korumak için demişti.

İşte oğul! Evliyalar bazen de aç ve uykusuz kalarak nefsi terbiye eder, Allah'a, ya Rabbi çok uyumaktan ve çok yemek yemekten sana sığınırım diye dua ederlerdi."

Bu sırada İmam Gazali'nin öğütlerinden nefsim hoşnut olmamış olmalı ki hemen zihnime düşünce fısıldadı. "Olur mu öyle şey? Allah Kuran'da geceyi dinlenme gündüzü ise de çalışmak için yarattı diyor."

Nefsimin bu sözlerini İmam Gazali ile paylaştım hemen. Dedi ki:

"Doğru söylüyor nefsin ama ayetleri kendine göre uyarlıyor. Allah geceleri dinlenmek için yarattıysa bu saatlerce uyuyup yatak keyfi yapmak için değildir."

Bu cevap nefsime adeta tokat gibi gelmişti. Düşündüm de gerçekten nefsim ayetleri ve bazı konuları kendine göre uyarlıyordu.

Dinle oğul:

Aklın aydınlattığı yol nefsin yoluna girmekle kararır
Nefsinin arzusuna karşı çıkanın aklı daha parlaktır.

Başarılı olmak ve gayene ulaşmak istersen eğer
Nefsine köle olup yüz vermemen gerekir.

Onun arzuları karşısında dimdik dur
Sapık ve azgınlarla birlikte olmaktan sakın.

Nefsin davet ettiği şeyi bırak, çünkü nefis
Bir işe yeltenir ve niyetlenirse, onu kafaya takarsa
Kötülüğü emreder.

6. Kural nefsi azarlamak.

Oğul! Nefis yaratılışta iyi şeylerden kaçıcıdır. Tembellik ederek şehvetlerine kavuşmak istemek onun yaratılışında vardır.

Allah bizlere nefislerimizi bu huyundan vazgeçirmeyi, doğruya yönlendirmemizi buyuruyor.

Evladım, senin nefsin de herkesin nefsi gibidir. Nasihat ve azarlama ona tesir eder. Ona de ki:

Ey nefsim! Akıllı olduğunu iddia ediyor, sana ahmak diyenlere kızıyorsun, oysa senden ahmak kim var ki? Ömrünü boş şeylerle geçiriyorsun.

Ey nefsim! Ecel askerleri seni arıyor, cennet ve cehennem senin için yaratıldı. Bütün gün günahlar içindesin, Allah bu halini görmüyor sanıyorsan sen kâfirsin, günahlarını, hatalarını gördüğünü biliyorsan o zaman çok cüretkârsın! O'nun görmesine ve bilmesine ehemmiyet, önem vermiyorsun! Yazıklar olsun sana ey nefsim!

Ey nefsim! Allah'a inandığını ama sıkıntıya gelemediğini söyleyeceksin. Ama bu dünyadaki zahmet sana ebedi yurt olan ahrette sonsuz huzur katacaktır. Biliyorum ahiret sana uzak geliyor, ahiret gelsin de bakarız, yaşlanınca Allah'ın isteklerine uyarız diyorsun. Peki, ya yaşlanamadan ahirete göç edersen?

Nefsim, sürekli bir erteleme içindesin, bu ertelediğin Allah gibi yüce bir Dost'a karşı büyük bir ihanet ve saygısızlık değil mi? İnsan sevdiğini bekletir mi? Oysa sen Allah'ı sevdiğini söylüyor ama ona kavuşmak için secde bile etmiyorsun. Yazık sana ey nefsim!

Ey nefsim! Para kazanmak için çok çaba sarf ediyor, zahmetlerden geçiyorsun ama Allah ile buluşmaya gelince bu sana zor geliyor. Kendini yorgun ve bitmiş hissediyorsun. O halde ben Allah'ı çok seviyorum diyemezsin. Bu halde sen yalan söylüyorsun demektir. Çünkü seven iki eli kanda olsa bile sevdiğine koşar. Aklı fikri yüreği sevdiğindedir her daim.

Bir anda "Allah-u Ekber! Allah-u Ekber!" nidası ile uyandım. Sabah ezanı okunuyor olmalıydı. Saate baktım henüz çok erken. Eyüp Sultan Camii'nden sonra hayatımda ikinci kez sabah namazını kılacaktım. Abdestimi aldım ve geceden kalma seccademin üzerinde namazlarımı kıldıktan sonra Allah'a benim gibi bir kula tüm bu güzellikleri yaşattığı için şükürler ettim.

Bir süre sonra sesimi duymuş olacak ki eşim Yezra da uyandı. Yezra ismini ona büyükbabası koymuş. Kuran'da geçiyormuş, anlamı ise, yayılmak, çoğalmak imiş. Öyle temiz kalpli ve iyi niyetli olsun ki Allah böyle kulların da sayısını çoğaltsın diye bu ismi vermişler. Yezra da benim gibi ramazan ayında oruçları kaçırmaz mutlaka tutar, bu adeta bir âdet, bir kültür gibi çocukluktan kalma alışkanlıktı aslında bizde... Kandil geceleri ise namaz kılar Yasin okur. İbadet anlayışımız açıkçası bundan ibaretti.

Onun da nefsi Eşkıya idi... Belki benim değişmem Yezra'nın da değişmesine sebep olurdu. Bugün güzel, güneşli bir cumartesi gününe gözlerimizi açmıştık. Ama gün güzel geçecek miydi benim için bilmiyorum. Çünkü bugün işyerinden ailece görüştüğümüz bazı yönetici arkadaşlarla toplanma günümüzdü.

Ayda bir iki kere mutlaka bir araya gelirdik. Biz erkekler tavla oynar, hanımlar da bir araya gelince derin sohbetlere dalardı. Bu amaçsız toplantılarımız aslında sadece eğlenceye yönelikti. Yemek sonunda dinlenmek yerine daha çok yorulmuş oluyor, onun bunun dedikodusunu yaparak kendimizi eğlendirdiğimizi zannediyorduk.

Ama nedense bugün ben hiç o ortama girmek istemiyordum. Aklım fikrim yüreğim manevi olarak gelişmekteydi. Bunu Yezra'ya nasıl söyleyebilirdim? Kendisi bugünü iple çekiyordu biliyorum. Çünkü evde bütün gün zaten sıkılıyor ve ev işleri ile yoruluyordu.

Bu tür aktiviteler ona iyi geliyordu. Yezra ile 4. yılımızı bitirmiştik. Onu çok sıkmak istemiyordum. Evlilik hayatımızda aşamadığımız sorunlardan biri de çocuk sahibi olamamamızdı. Neredeyse evlendiğimiz ilk aylardan beri çok istememize rağmen olmamıştı ve gitmiş olduğumuz doktorlar ve tedaviler de bugüne kadar bir sonuç vermemişti. Ben yine de bu konuda umudumu hiç kaybetmemiştim. Allah'ın bizim hakkımızdaki bu karar ve takdirinin en hayırlısı olacağına inanmak gerekiyordu. Artık bunu ben çok iyi biliyordum. Hak gözüyle bakmak beni rahatlatıyordu.

Keşke Yezra da hak gözüyle bakabilse hayata... Başka ne isterdim ki? Kurtuluşumuz buydu bizim. Yoksa bu dünya bir bataklık gibi çırpındıkça insanı içine çekiyordu. Tevekkül etmek gerekiyordu.

Bir süre sonra eşim içeriden seslendi:

"Hayatım kahvaltı hazır."

Onun bu tatlı dili beni mutlu ediyordu. Kalbime dokunuyordu. Ben de ona masayı kaldırırken yardım ediyordum. Öyle hoşuna gidiyordu ki... Hayat paylaşmaktı. Necip Fazıl Üstat'ın dediği gibi:

Eğer tadını bilirseniz ekmeği paylaşmak ekmekten daha lezzetlidir.

Bazen Yezra'nın geçmişi aklıma geliyor, bana anlattıklarını düşünüyor ve onu sanki daha çok seviyordum. Daha çok sahiplenmek istiyordum. Bu kesinlikle bir acıma değildi, onun her şeye rağmen hayata tutunuşu ve çırpınışları kendisine hayran olmamı sağlıyordu.

İmtihanı küçük yaşlarda başlamış Yezra'nın. Babası henüz 5 yaşında evi terk ederek gitmiş, günlerce gözü kapıda kalarak günlerini geçirmiş. Her gün babam gelecek, babam bugün gelecek ve yine beni kucağına alacak, yine canım kızım benim diyerek yanaklarımdan öpecek, saçlarımı okşayacak bekleyişleri arasında geçmiş. Ama sonuç hüsran olmuş. Annesi ise üç çocukla ortada kalmış.

Kısa bir süre sonra başka bir adamla evlenmek zorunda kalınca üvey baba Yezra'yı istememiş. Evde sürekli onu azarlıyor, yediği peynire-zeytine bile laf ederek, leblebi gibi yeme biraz idare et diyerek sofradan her defasında aç kalkmasına neden oluyormuş...

Anne kızını savunmaya kalksa da üvey babası onu da çoğu zaman sözlü veya psikolojik şiddet uygulayarak susturuyormuş. Çoğu zaman da kızcağızı, sana bakınca aklıma baban geliyor, bana babanı hatırlatıyorsun, o yüzden seni hiç görmek istemiyorum diye azarlıyor, baskı, eziyet ve travmalarla geçen bir çocukluğun etkisini tüm hayatında bırakıyormuş.

Yezra biraz büyüyünce annesi bu işkenceden kurtulsun diye onu yatılı okula vermiş. Artık yanında babasından sonra annesi de yokmuş. Geceleri için için ağlayarak geçirmiş. Sesli ağlayamıyormuş. Çünkü üvey babasının evinde hep için için ağlamaya alışmış. Sıkıysa sesi çıksın, üvey baba hemen yanında bitiyor, kulaklarını çekiyor ve gizli gizli canını acıtarak susturuyormuş...

Tüm bunları onunla evlendikten sonra öğrenmiştim, bu onun sırrıydı, kimseyle de paylaşmıyordu. Bana güvenip anlatmasına sevinmiştim. Aslında daha neler yaşamış, ne işkenceler görmüş yurda yazılana kadar ama bunların çoğunu anlatıp o günleri hatırlayıp üzülmek istemiyordu. Ben de onu anlayışla karşılıyordum.

Aslında ben onun bu hayatla arasındaki zeytin dalı gibiydim. Yani yaşadıkları hayat umutlarını çekip almıştı elinden, ben ise onun elinden tutup ona sahip çıkmış, hayata yeniden bağlanmasına yardım etmiştim. Durum böyle iken bana her halimde böylesine sabırlı davranmasını anlayabiliyordum. Onun için belki de çaresiz yaşamındaki son sığınaktım.

Kahvaltımızı yaptıktan sonra hazırlanıp yola çıkacaktık. Ama hâlâ içimde bir sıkıntı vardı. Tüm gün o insanlarla vakit geçirmek istemiyordum artık. Yezra ise tüm bu düşüncelerimden habersizce hazırlanmaya koyulmuştu bile. Arabaya binip bir süre yol aldıktan sonra aslında konuyu eşim farkında olmadan açarak bendeki değişimi sordu.

"Canım son günlerde seni daha huzurlu ve dingin görüyorum, özel bir sebebi var mı bunun?"

"Özel bir sebebi var aslında, ben de sana bunu anlatmak için uygun ortamı kolluyordum."

Meraklı bakışlarla beni süzüyordu Yezra.

"Ben..." dedim. "Ben bugün oraya gitmek istemiyorum. Son günlerce büyük bir değişim içindeyim. Manevi olarak bazı haller yaşıyorum. Bazı rüyalar görüyorum. Bu rüyalarda bazı dersler alıyorum ve bu manevi hal beni çok mutlu ediyor."

"Belli..." dedi Yezra. "Ben de bunun sebebini merak ediyordum aslında."

"Sana bunu anlatırım, yaşatmak isterim. Ama bugün lütfen oraya gitmeyelim. Hem siz bir araya gelince ister istemez gıybet yapıyorsunuz kızlarla. Nefsiniz Eşkıya halinde olduğu için bu hoşunuza gidiyor."

"Nefsim Eşkıya ne demek?" diye sorarak sözlerimi birden kesti Yezra.

"Anlatacağım..." dedim. "Ama benim seni götürmek istediğim başka bir yer var oraya gidelim."

"Peki..." dedi. "İnsanlara ne söyleyeceğiz? O kadar hazırlık yapmışlardır şimdi."

"Onlara yalan söyleyecek halimiz yok. Bugün baş başa kalmaya ihtiyacımız olduğunu mesaj atarsın bence anlayışla karşılayacaklardır" dedim. Yezra da açıkçası çok uzatmadı. O mesaj atarken ben de Fatih Sultan Mehmet Köprüsü'nün ilk çıkışından hemen yönümü Beykoz'a doğru değiştirdim.

Evet, Yuşa Hazretleri'ni ziyaret etmek istiyordum. Oranın adını, kerametlerini çok duymuştum, şimdi ise manevi enerjisini yaşamak istiyordum. Güya konuşamayan iki üç yaş ve küçük çocukları oraya götürürlermiş ve çocuk kısa bir süre sonra konuşmaya başlarmış. Allah'ın hikmeti işte, kimin aracılığı ile şifa vereceği belli olmuyor.

Kısa bir süre sonra Yuşa Hazretleri Türbesi'ne doğru tırmanmaya başlamıştık. Yol biraz yokuştu. Tabelalar kolayca türbeyi bulmamı sağlıyordu. Burada koca bir alan vardı, onlarca araba park etmişti. Belli ki ziyaret edeni çoktu. Yezra'nın dikkatini hemen etraftaki küçük kulübeler çekti. Burada çeşit çeşit ürünler vardı. Tespihten tablolara, seccadeden yüzük ve değişik doğal taşlara kadar ürünler...

Ama önceki hedefimiz Yuşa Hazretleri'ni ziyaret ederek ruhuna Fatiha ve İhlas okumaktı. Gözucumuzla küçük kulübeleri seyrederek türbeye ulaştık. Caminin eteğindeydi türbe. Uzunca bir türbeydi. Oldukça uzundu...

Oradaki bir yerliye türbenin niye bu kadar uzun olduğunun sebebini sorduğumuzda; zamanında Yahya Efendi adında bir evliyanın rüyasında görerek, manevi keşif ile Yuşa Hazretleri'nin burada olduğunu işaret ettiğini söylediler. Uzun olmasının sebebi ise 17 metrelik o alan rüyada görüldüğünden bölmek isteyip bir hataya neden olmak istememeleri imiş ve rüyada görülen alanın tamamını kabir olarak çevirmişler.

Hazret'i ziyaret edip onun yüzü suyu hürmetine dualarımızı ettikten sonra türbenin hemen yanı başında bulunan Yuşa Camii'nde vakti eda ettik. Burada çok farklı bir manevi hava vardı. İnsan bütün dertlerini sanki bir kenara bırakıyordu burada. İnsanların yüzüne baktığımda bir rahatlık görüyordum. Arınmışlık, huzur ve huşu... Daha önce ne kadar gereksiz işlerle zaman geçirdiğimi düşünüyordum. Dünya denen maddeye bağlanmış ama ruhumun ihtiyacı olan maneviyatı hep ertelemiştim...

Derken yola geri koyulduk...

Biraz Boğaz'da gezerek çayımızı içtik, artık eve dönme vaktimiz gelmişti. Yezra da temiz hava ona iyi gelmiş olacak ki mayışmıştı zaten arabada...

Bir yandan da aklım hangi evliyadan eğitim alacağımdaydı. Belki de bu sefer rüyalarıma girmeyeceklerdi. Öyle çok alışmıştım ki, bu rüyaların kesilmesi beni derinden üzerdi.

Eve geldiğimizde abdestimi tazeleyerek gece namazlarımı kıldım, sonrasında bir süre tekrar seccademin başında zikirlerimi yaptım, Allah'tan Âlim esması hürmetine ilim istedim. Sonra tekrar hacet, dilek namazımı eda etmeye başladım. Dileğim ilim olarak eğitimimin devam etmesiydi.

Artık gözlerim kapanıyordu ve engel olamıyordum...

BEDİÜZZAMAN SAİD NURSİ

"Ey kardeş!
Benden birkaç nasihat istedin
ama ben kendi nefsimi herkesten ziyade
nasihate muhtaç görüyorum.
Nefsimle beraber sen de dinle!..."

Gözlerimi açtığımda kendimi büyük bir ağacın tepesinde, tahtadan yapılmış bir evin içinde bulmuştum. Yüksek ve yaşlı bir ağacın tepesinde ne işim vardı ki?... Karşımda ise uzunca sarığı başının etrafına dolamış bir zat. Kendisine "Burası neresidir?" dedim, "Barla" diye cevap verdi.

"Peki, siz bu ağacın üzerinde ne yapıyorsunuz?" dedim.

"Hem tefekkür ediyor, hem de risalemi yazıyorum" dedi.

"Kaç yıldır bu ağaçtasınız?" dedim.

"Sekiz yıldır bu ağacın tepesindeyim" buyurdu.

"Peki, siz kimsiniz?" dedim.

"Said Nursi" diye cevap verdi.

Sonra sorularımdan sıkılmışçasına:

"Bu soruların cevaplarına ihtiyaç duyan, tatmin olmak isteyen nefsindir" dedi. "Onu sorularıyla baş başa bırakır cevap vermezsen daha rahat edersin. Ona ne zaman cevap versen senden başka soru için cevap isteyecektir. Az sor çok dinle!"

Şaşkındım. Az soru sormak ve çok dinlemek fikri bir yandan hoşuma gitmişti. Üstat'a dedim ki:

"Ruhuma dokunan, nefsimi ıslah etmeme yardımcı olacak birkaç nasihat verir misiniz?"

"Nefsini ıslah etmeyen başkasını ıslah edemez. Öyle ise kendi nefsimden başlarım.

Ey kardeş!

Benden birkaç nasihat istedin, ama ben kendi nefsimi herkesten ziyade nasihate muhtaç görüyorum. Nefsimle beraber sen de dinle!...

İ'lem Eyyühel-Aziz!

İnsanın havf ve muhabbeti halka teveccüh ettiği takdirde, havf bir bela, bir elem olur. Muhabbet bir musibet gibi olur. Zira o korktuğun adam, ya sana merhamet etmez veya senin istirhamlarını işitmez. Muhabbet ettiğin şahıs da, ya seni tanımaz veya muhabbetine tenezzül etmez. Binaenaleyh havfın ile muhabbetini dünya ve dünya insanlarından çevir. Fâtır-ı Hakim'e tevcih et ki, havfın O'nun merhamet kucağına –çocuğun anne kucağına kaçtığı gibi– leziz bir tezellül olsun. Muhabbetin de saadet-i ebediyeye vesile olsun.

Allah'a saygı duymak için sana verilmiş olan kaybetme korkunu, duygunu fanilere, insanlara yönlendirerek hazine değerindeki bu duyguyu belaya dönüştürdün. Sana acımayan, senin yalvarmalarına kulak bile asmayanlardan korkarak seni üzmelerine davetiye çıkardın. Kalbine şifa olacak seni Allah'a yaklaştıracak olan bu kutsal duyguyu yanlış yerlerde kullanarak düşünceler ile beynini kemirecek hale getirdin. Hakk'a duyulması gereken o korkuyu halka yönlendirerek daha büyük zararlara düştün. Eğer sen Allah'tan gerektiği gibi saygıyla korkarsan, başkalarının kasvet, bela verici korkularından kurtulursun.

Kardeş! Sadece Allah'a duyulması gereken korku ve saygı latifesini sen Huda'dan yana kullanman gerekirken onu nefsi arzularından yana kullanıyorsun. Benim sözünü ettiğim korku Allah asacak kesecek demek değildir, bunu kâfirler düşünsün. Benim sana söz ettiğim korku; O büyük Aşk'ın, Vedüd'ün, O yüce Dost'un dostluğunu kaybetmektir. O'nun güvenini kaybetmekten korkmaktır.

Sana verilen bu korku latifesini insanlardan ve başına gelecek olaylardan yana kullanarak onu ziyana uğrattın. Seni huzurlu edecek olan bu korku duygusu seni huzursuz etti. Sadece Allah'a duymakla manevi lezzetlere erişebileceğin sana ikram edilen bu duyguyu dünyaya duyarak hayatını bir kâbus haline getirdin.

Allah'ın dostluğu ve samimiyetini kaybetmekten korkan birinin, ya bir gün ölürsem, ya sevdiklerimi kaybedersem, ya kanser olursam, ya aklımı yitirirsem, ya aldatılırsam, ya iflas edersem, ya sınavı kazanamazsam, ya kalp krizi geçirirsem, ya deprem olursa diye korkuları olamaz. Böyle bir kişinin gelecekle ilgili kaygı ve endişeleri katiyen olmaz.

Oysa sizler sürekli ya işsiz kalırsam, ya aç susuz kalırsam, ya eski rahatımı bulamazsam, ya çocuklarımı okutamazsam, ya insanlar hakkımda şunu düşünürse, ya beni dışlarlarsa diyerek kaygılar ve korkular içinde yaşıyorsunuz. Size verilen korku latifesini bu dünyasal şeylere yüklüyorsunuz. Siz Allah'ı yeterince sevseydiniz işiniz gücünüz, aklınız fikriniz O olurdu.

İşte böyle yüzlerce korkularınız var, Allah'ın kulluğunu, dostluğunu, sevgisini kaybetmekten yeterince korkmadığın için o korku potansiyelini bölerek yüzlerce olaya yüklüyorsunuz.

Sen bu yaratılan binlerce korkudan sıyrılarak, Allah'ı kaybetmenin, O'nu hissedememenin kaygısı içinde olmalısın. Bütün düşüncen endişen bu yönde olmalı. O zaman nefsin sana dünyasal sıkıntıları ve dertleri, masivaya ait kaygıları aklına getiremez.

Ey kardeş!

Daima kendini Allah'ın huzurunda hisset. O'nun merhameti altında olduğunu unutma. O'nun seni koruduğunu, O'nun sana zulmetmeyeceğini daima duyumsa. Allah'ın şefkat dolu merhametli ocağına sığın. Tıpkı bir asker ocağı gibi... O'ndan kalbine güven ve huzur duyguları gelecektir. Seni bir anda büyük bir huşu kaplamaya başlar.

Kardeş!

Nitekim yüce Allah Âli İmran Suresi'nin 175. ayetinde şöyle buyurmakta: İşte o şeytan, ancak kendi dostlarını korkutur. Şu halde, eğer iman etmiş kimseler iseniz onlardan korkmayın, benden korkun.

Yani nefsiniz, o içinizdeki ses, o durmayan fısıltı size korku verirse endişe etmeyin, ona dost olanlar bu gaybi bilgilere inanarak endişe ederler. Siz Allah'a dost'sunuz, O'na kulsunuz, O'ndan hakkıyla çekinin. Bütün kaygınızı O'nun için kullanın. Başka bir şey için korkmak olmaz. Her şey geçicidir. Sadece Allah bakidir. Gelip geçecek olan bir şey gölgedir, insan gölgeden korkmaz."

Said Nursi konuşurken pür dikkat kendisini dinliyor, söylediği her kelimeye önem veriyordum. Nefsimi daha iyi tanımaya başlamıştım. Bu anlattıkları çoğu insanın yaşadığı sorunlardı. Kaygı ve korkular insanın hayatını adeta zehir ediyor, bütün psikolojilerini bozuyordu.

Onun net ve keskin dili hoşuma gitmişti. Her harfini nakış nakış kalbime işliyordum. Bir yandan da kendime notlar alıyordum. Bunları daha sonra belki bir kitap haline getirebilirdim. Belki de bu bana verilmiş bir şanstı. Eşkıya dünyada Evliya olabilmek Allah'ın büyük bir ikramı olacaktı.

O sırada Üstat'a bu yolda bir Mürşit'e gerçekten ihtiyaç olunup olunmadığını sordum. Bu benim çoğu zaman kafama takılan bir soruydu.

"Beni dinle kardeş" dedi ve sözlerine devam etti.

"Bazen bir mürşidi olmazsa olmaz görüyorsun, seni terbiye eden Mürşit sanıyorsun. Seni yetiştiren yine o Mürşit sanıyorsun.

Allah Tevbe Suresi 31. ayette buyurdu ki:

Onlar, Allah'tan başka bilginlerini ve rahiplerini de kendilerine Rab edindiler, Meryem oğlu Mesih'i de. Oysa onlar bir olan Allah'a ibadet etmekle emrolunmuşlardı.

Kardeş, yüce Allah seni mürşit eliyle terbiye ederken, sen bunun mürşidin sayesinde gerçekleştiğini zannediyorsun. Ona hayranlık duyuyorsun. Oysa hayranlık duyulması gereken ve övgüye layık olan yalnız Allah'tır. Böylece insanlar mürşidi kendilerine Rab edinmiş oluyorlar. İşte bu tehlikeli olandır. Sonra onu hayatının olmazsa olmazı olarak görüyorsun. Allah'tan başka Rab yoktur.

Hz. Musa'nın mürşidi Hz. Hızır idi. Ancak Musa bilirdi ki kendisini eğiten Allah. Sevgili Peygamberimiz Hz. Muhammed'in (s.a.v.) mürşidi ona, namazı ve abdesti öğreten, ona Allah'a uzanan miraç yolunu gösteren Cebrail (a.s.) idi. Hz. Muhammed (s.a.v.) Cebrail'e (a.s.) asla bağlanmadı. Onu sadece yol gösterici gördü. İnsanların sorunu budur.

Yüce Allah Kuran-ı Kerim'de, Âli İmran Suresi 103. ayette **Allah'ın ipine sıkıca tutunun** buyuruyor. Yani yalnız kendisine sıkıca bağlanmamızı istiyor. Kul mürşidi bir geçit olarak görmeli. Geçit geçilir, üzerinde konaklama olmaz.

Allah kalbin batınını iman ve marifet ve muhabbeti için yaratmıştır. Kalbin zahirini sair şeylere müheyya etmiştir. Cinayetkâr hırs kalbi deler, sanemleri içine idhal eder. Allah darılır, maksudunun aksiyle mücazat eder. Ve kalbin batınına başka muhabbetler girmesine meydan vermez. Çünkü Batın-i kalp ayine-i Samed'dir ve O'na mahsustur.

Allah, kalbin içini iman, Allah sevgisi için yaratmıştır. Kalbin dışını ise kendi dışındaki şeyleri sevmen için tahsis etmiştir. Hırs, nefis dışarıda olanları içeriye sızdırmaya çalışır. Kalbin dışındaki şeyleri aşırı önemseyip kalbin içine sızdırırsan Allah ile birlikte başka şeyler barınamayacağından Allah buna izin vermez. Allah kendisine ait olan kalbin kendi alanında bulunduğu kısmına başkalarını sızdırdığın için onlar ile aranı açar. Onlara adeta tapmanı önler. Böylece sen hayallerine ulaşamaz ve hedeflerini kaybetmeye başlarsın.

Kalp Allah'a Özlem Duyarken, Sen Kalbini Nefsin İstekleriyle Dolduruyorsun

Niçin kalbimizle, ilişkilerle imtihan oluyoruz?

Kardeşim!

Kalp Allah'a iman edip dua etmek için yaratılmıştır.

Nasıl ki göz ilahi sanatları görmek, kulak sesleri işitmek, dil tatmak, burun koklamak için yaratılmış ise, işte kalp de Allah'a iman edip O'nu sevmek, O'na yaklaşmak, eğilmek, meyletmek için yaratılmıştır. Kalbin asıl yaratılış amacı budur. Şayet kalbi dünyasal şeyleri sevmek ve onlara meyletmekte kullanırsan, amacından saptırmış olursun.

Bakara Suresi 165. ayette Allah buyuruyor:

İnsanlardan kimi de Allah'tan başka şeyleri O'na eş tutuyorlar da onları, Allah'ı sever gibi seviyorlar.

İşte insanın bütün sorunu budur. Layık olmadığı halde kullara o kadar çok değer veriyorlar ve kalplerinin batıni yani iç tarafına o kişileri yerleştiriyorlar ki Allah seni o kişilerle imtihan ediyor. Onlardan ceza yiyorsun. Onlar tarafından aldatılıyor yahut da yarı yolda bırakılıyorsun. Allah paylaşılmak istemez.

Senin sevgin ölçüsüz. Bir insanı Allah için sevmiyorsun. Nefsin için seviyorsun. Allah için seven insan bir kişi için, ne kadar güzel yaratılmış der. Nefsi için seven kişi ise ne kadar güzelsin der. Yani o yaratılanın zahirini, dışını görür. İçini batıniyi görmez. Eğer Allah için seversen Allah da sizi bir ömür boyu birlikte tutar, ama nefsinin yolunda gidersen o ayrılık şart olur. Çünkü nefis sıkılır, bıkar, hep yenilik ister.

Doyuma ulaştığı zaman, başka şeylere yönelir.

Sen yemek yersin, karnın doyar, bu sefer tatlı ister. Tatlı biter, çay kahve ister. Sonra eve gidip dinlenmek ayaklarını uzatıp keyif yapmak ister. Doyumsuz nefis devamlı bir isteme ve elde edince başka şeyler isteme peşindedir. Eşkıya nefis insanı yorar, huzursuz eder.

Kalıcı bir sevgi, aşk istiyorsan sevdiklerini Allah adına sev. Onların kendi özelliklerinden dolayı seversen Allah sevgisine engel olmuş olursun. İnsan eşini Allah'ın ikramı, hediyesi, emaneti olarak sevmeli, fakat onu kendi mülkünüz gibi görüyorsunuz. Bu yüzden devamlı onları hatırlıyor, Allah'ı unutuyorsunuz!

Size verilen yüce Sevgi gücünü Allah için kullanmak yerine, onu mal, mülk, eşya vs. severek bölüp bitirdiniz. Sonra da ben yeterince huzurlu değilim, namazlarımda huşu bulamıyorum diye hayıflanıyorsunuz. Vicdan azabı duyuyorsunuz. İnsanın ibadetlerinden haz alamamasının yegâne sebebi budur.

Siz Allah'tan başka hayatınızda neyi çok önemsiyorsanız işte o sizin putunuzdur. İşte bu yüzden yüce Allah sen neyi çok arzulayıp seviyorsan seni ondan koparır ki o putun yıkılsın, yok olsun, ona bağımlı olma. Allah sizi bu fark etmediğiniz putlardan kurtarırken siz çoğu zaman bu durumu şer olarak görür, kaybettiklerinizi geri ister durursunuz.

Bir adamı çok seversin, yahut da bir kadına delicesine âşıksındır. Halbuki sana verilen bu aşk ve sevgi latifesini, ikramını Allah'a doğru kullanman, meyletmen gerekirken sen kuluna verirsin. İşte o kul farkında olmadan senin hayatının anlamı olur. Senin merkezin olur, senin putun olur. Sen bunların hiçbirinin farkında değilsindir. Allah bu yüzden seni o puttan kurtarır ki şirke girmeyesin!

Beni anlıyor musun?"

Üstat'ı dinlerken kendimden geçmiş, eski yaptığım hatalar ile adeta yüzleşiyordum. Kalbimle cezalandırılmıştım çoğu kez, çünkü ne yaparsam onunla cezalandırılıyordum. Kalbimle bir başkasını Allah'tan daha çok severek hayatımın merkezi yaptığımda yine kalbimle imtihan edilmiştim. Hayatın sırrı demek ki buydu. Bu bir kanundu ve şimdi daha iyi farkına varmıştım.

İnsan sağlığını önemsediğinde imtihanı sağlığı oluyordu. Evlatlarını önemsediğinde imtihan çocuklarıylaydı. Aile ise imtihan aile ile. Maddiyatı önemsiyorsak imtihan maddiyat ile...

Bilmezler mi ki, kendisini sevsinler diye yarattığı yüreklerin hırpalanması Rabb'imin hoşuna gitmez!

Bilmezler mi ki, o kalpler aynalardan dolu bir saray. Lüzumlu mu orada çirkin bir görüntünün hasıl olması? Hiç gerekir mi kristallerden ince ince işlenmiş çiçeklerin kırılması?

İşte öfke adlı zaaf tüm bunları unutturur da insana, zihnindeki kelimeleri acıya bular. İncitici hale getirir ve fırlatır bir ok gibi karşısındakine...

Oysa böyle mi olmalıdır tepkiler? Hilm sahibi olmak zor mu kuluyken el-Halim'in? Yumuşacık akınca sular hoş değil mi? Sel sularıyla hangi bağ bahçe beslenebilmiş ki?

İçinde karşısındakine söyleyecek sözlerini biriktirmiş patlamaya hazır bir bomba olmak ve öylece dolaşmak akıl kârı mı?

Ve en olmadık yerde patlamak...

Kalp Aynalarla Dolu Bir Saray

Ne buyurmuştu Erzurumlu İbrahim Hakkı:

Dil beyt-i Huda'dır, anı pak eyle sivâdan

Kasrına nüzul eyler o sultan gecelerde...

Gönül Allah'ın evidir, onu Allah'tan gayrı her şeyden temizle ki, Rahman gecelerde o saraya nüzul etsin; ilahi varidatın kalbe sağanak sağanak yağsın.

O an çok iyi anladım ki Allah'a duyulması, beslenilmesi gereken sevgiyi biz insanlara, mahlukata, evlere, arsalara duyuyormuşuz. Allah'ın kalbimizde tecelli ettiği o özel mekâna, diziler, spor programları, yarışma programları, beşer aşkı koyarak adeta köreltiyormuşuz aslında kalbimizi...

Oysa şahit oluyordum, seni çok seviyorum, sensiz yapamam dediklerimize gün gelip, yüzünü görmek, adını bile duymak istemiyorum diyebiliyorduk. Sen benim meleğimsin diye hitap ettiğimiz birine yine gün gelip, şeytan görsün yüzünü diyebiliyorduk.

Biz insanları dengesizce seviyorduk. Biz insanların sevgisini gün geliyor maalesef Allah'ın önüne koyuyorduk. Sensiz yaşayamam diyerek o kişiyi hayatımızın odak noktası haline getiriyorduk. Allah'ın bize verdiği muhabbet duygusunu biz Allah'tan yana değil, kullarından yana sarf ediyorduk.

Evet, kesinlikle bu dengesizce sevişimizde bizi yoran, üzen, kalbimizi sıkıştıran ve içimizi daraltan sebep **Kalpler ancak Allah'ı anınca huzur bulur** ayetini unutmamız idi...

Kalplere sürekli nefsimizin sevdiklerini andırmaya çalışıyorduk... Bir futbol maçını kaçırsak kahroluyorduk belki ama bir vakit namazını kaçırmak hiç bizi rahatsız etmiyordu. Nefis o kadar eşkıya hale gelmiş ki, yeni yeni farkına varıyordum...

İbadetlerden Huşu Almak

"Ey hakikat yoluna doğru yürüyen kardeş!

Yaşadığın dertlerin, imtihanların sana kuldan gelmiyor ama sen kuldan gelircesine kullara odaklanıyorsun. Sen hakikat gözüyle değil, benlik gözüyle bakıyorsun. Eşkıya nefsin seni sürekli geçmişe götürüyor ve sana haksızlık yapanları bir bir hatırlatıyor. Hiçbir anı, hiçbir sözü unutturmuyor.

Oysa seni imtihan eden kullar değildir, Allah'tır. Nimeti kuldan sanıyor, şifayı doktordan bekliyor, mutluluğu da insanlara adıyorsun. Oysa hayır ve şer Allah'tandır. Bu da imanın 6. şartıdır.

Bak sana ne anlatacağım dinle:

Şeyhin biri bir gün dışarı çıkmış çarşıda geziyormuş. Sitemkâr adamın biri gelip şeyhe bir tokat atmış. Bunu gören bir başkası dayanamayıp haykırmış:

A akılsız bu silleyi neden vurdun? Biliyor musun o kim, o falan şeyhtir. Güneş gibi her yere ışık saçar. Padişah bile onunla buluşmak için can atar.

Adam, şeyhin şöhretini duymuş ama tanımamıştı, makam ve yüksek kulluk derecesini de anlayınca yaptığına çok pişman oldu. Başında topraklar saçmaya başladı, suçluluk içinde özür dileyerek şeyhin yanına vardı.

– Ey gönül aydınlatan pir, dedi. Yaptığım suç yüzünden belim kırıldı, bilemedim, yanlış harekette bulundum, beni bağışla.

Altın gönüllü şeyh hiç aldırmadı bile. Şöyle dedi:

– Üzülme bu işe a çavuş! Bunu senden görseydim kötü bir şeydir; ama geldiği yer başkaydı. O böyle olmasını istemeseydi sen beni neden tokatlayacaktın ki?

Her şeyi Hak'tan gör ama bir an bile kulluktan ayrılma.

Ey kardeş! Unutma ki her şeyin müsebbibi Allah'tır. Yani tüm sebeplerin arkasında yüce Kudret vardır. Senin eşkıya nefsin seni kullara yönlendirir durur, böylece zamanını ve enerjini çalar. Oysa sen bu bana Allah'tan geldi acaba nerede hata yaptım dersen o zaman nefsin bir anda susuverir. Seni geçmişte tutamaz."

Üstat Hak gözüyle bakmanın sırlarını paylaşırken bir ara zihnim geçmişe gitti. Beşiktaş yakınlarında bir akrabamı ziyarete gitmiştim de dışarı çıktığımda arabamın yerinde olmadığını fark ettim. Etraftaki büfelere sorduğumda aracın çekildiğini söylediler. O an sinir beynime vurmuştu.

Aracımı götürdükleri otoparkı biraz araştırma sonucunda buldum, telefon ettiğimde aracımın orada olduğunu söylediler, bir taksi tutup otoparka gitmiştim. Aracım orada duruyordu.

O an çekici aracını görünce hemen yanlarına gidip şoför ile polis memuruna bağırmıştım. Eşkıya nefsim bana bunu emretmişti. Öfkeyi, şiddeti... Nefsimi şimdi izleyebiliyordum. Beni nasıl kontrol ettiğini, verdiği emirlerin daha iyi farkındaydım. O ne derse onu yapıyordum.

Oysa sebeplerin Allah'tan olduğunu o an düşünerek Hak gözüyle baksaydım, nerede hata yaptığımı düşünerek susacaktım. Bunun da bir imtihan olduğunu Evliya nefsim bana söyleyecek, "Sus ki bu sabır seni Allah'a dost etsin, sabır olmasa Allah'a nasıl dost olacaksın?" diye beni uyararak Allah'a yaklaşmama vesile olacaktı.

Düşüncelerim arasına o an bir ses sızdı...

"Ey midesine düşkün nefsim!"

Üstat kendi nefsine hitap ediyordu. Onun, kızım sana söylüyorum gelinim sen anla tarzındaki konuşması çok hoşuma gidiyordu.

Sonra sözlerine devam etti.

"Her gün yediğin yemek, içtiğin su ve sigara sana bıkkınlık vermiyor. Onlara sürekli ihtiyaç duymaktasın. Onlardan lezzet alıyorsun ama ruhun gıdası olan, namazı, orucu ve zikri unutuyorsun. Ruhsal besinlere gelince tembelleşiyorsun.

Eğer ki yemek ve su gibi, namaz ve orucu da temel besin olarak görürsen o vakit ibadetleri kaçırmamaya ve onlardan zevk almaya başlarsın. Meyve temel ihtiyaç olmadığı için onu arada bir yiyorsun. Namazı da arada bir kılıyorsun. Ey gafil nefsim! Sen demek namazı temel ihtiyaç olarak görmüyorsun, onu küçümsüyorsun, bu yüzden ruhun bağışıklığı zayıf durumda. Bu yüzden bu kadar insan vesvese hastalığına yakalanmış, evham içinde.

Zevk alma tek bir duygu, fıtrattır.
İnsan ya nefsin arzularından zevk alır ya da
ruhani olarak beslenerek zevk alır.
Zevkin fıtratı, özü tektir. Onu neye yönlendirirsen o konuda huzur bulur. Eğer sen zevki nefsani arzularından kurtarır, ruhani ihtiyaçlara verirsen o zaman manevi tatlar almaya başlarsın.
Yani dünyasal zevkleri bırakırsan, sana kalan zevk duygusunu sadece maneviyata yönlendirirsen ruhun aradığın huşuya kavuşur.

Eşkıya nefsin sana çok uyu, çok yemek ye derken bunlardan zevk almanı sağlar. Sen az ve yeterince uyur, az yemek yersen o zaman nefsani arzular körelir ve manevi lezzetler almaya başlarsın.

İnsanlar mana yerine madde, ruh yerine bedene önem verdikleri için huzursuzdur.

Hz. Mevlana buyurdu ki:

Açlık zahmeti öbür zahmetlerden daha kolaydır. Ayrıca açlıkta yüzlerce hüner ve faydalar vardır. Açlık ilaçların padişahıdır. Bütün hastalıklar onunla iyileşir. Bütün yemekler açlıkla güzel hale gelir, lezzet alır. Tok iken ağlamak bile zordur. Senin gönül kuşun fazla yemekten ötürü bu yumurtayı delip çıkamamıştır. Bu daracık yumurta hapishanesinde sıkışıp kalmıştır. Sen nefis esareti yumurtasından çık ki, kanatlarını açıp mana semasında uçabilesin."

Kalp Nasıl Huzurlu ve Mutlu Olur?

Üstat'a kalbin tam anlamıyla nasıl huzurlu olacağını sordum.

"Kardeşim!" dedi ve yumuşak bir ses tonuyla anlatmaya başladı:

"Kalp Allah'a bağlanmak ister. Kalp sadece Allah'ı anınca mutlu ve huzurlu olur. Eğer kalp başka şeylerle; çok para, çok tatil, futbol, dizi vs. mutlu olsaydı Kuran ve hadislerde Allah bu şeyleri de buyururdu. Ama öyle bir şey ne Kuran'da var ne hadiste. Rad Suresi 28'de hepimizin bildiği gibi kalp sadece Allah'ı andıkça huzur bulup mutmain olur.

Ama biz kalbi Allah dışında başka şeylere bağlıyoruz. Hobilerimiz var, bir takım tutuyor o takıma bağlanıyoruz. Bir dizi seyredip o diziden zevk duyarak o diziye bağlanıyoruz. Oysa kalp bağırıyor, bunlar beni mutlu etmiyor, bunlar benim fıtratımda yok. Bunlar nefsani zevkler. İşte kalp bize böyle sesleniyor ve acı çekiyor. Bu yüzden her şeye sahip olsa da insan bazen içinde derin sıkıntılar hissediyor.

Ruhun da besinleri vardır. Allah beden için ekmek, su, süt, et, meyve, sebze yaratmıştır. Ruhumuz için de namaz, oruç, zikir, tefekkürü bizlere sunmuştur. Ruhumuz aç. Ruhumuzun bağışıklık sistemi çöküyor. Ve ruhani hastalıklar çoğaldı. Vesveseler, takıntılar, panik ataklar, depresyonlar çoğaldı. Niçin? Sadece bedeni beslediğimiz için.

Beden aç kaldığında nasıl ki bağışıklık sistemi göçer ve hasta oluruz, ruhumuz da aç kaldığı için bağışıklığımız zayıflar. Hayattan çoğu zaman tat alamıyoruz. Allah sadece bedenimizi yaratmış gibi yaşıyoruz.

Kendimizi tanımıyoruz. İsteklerimizi, neye ihtiyaç duyduğumuzu bilmiyoruz. Çözümü yanlış şeylerde arıyoruz. Belki tatil iyi gelir diyorsun ve tatile gidiyorsun ama geri döndüğünde aynı sorun devam ediyor. Belki sinema iyi gelir diyorsun ve gidiyorsun ama bir süre sonra aynı dertlerin yine seninle birlikte olduğunu görüyorsun.

Bazen dertlerini içkiyle bastırıyorsun ve bir süre sonra bunun bir işe yaramadığını fark ediyorsun. Nefsinin tuzakları içindesin. Artık bunların seni rahatlatmadığının farkındasın. Kalbin ve ruhun tamamen Allah'a ihtiyaç duyuyor, sen onları başka şeylere yönlendirdin!

Kalbin Allah'ı arzularken nefsin, Eşkıya nefsin, senin bu bütün arzunu parçalara ayırarak başka şeylere ihtiyaç duyuruyor. Sanki onlara ihtiyacın varmış gibi hissettiriyor. Bir süre sonra alışverişten de bıkıyorsun. Daima anımsa; kalbinin sadece ve sadece Allah'a ihtiyacı var. Allah ile sohbete, O'nu anmaya, O'na dua etmeye, O'nunla konuşmaya... Senin tek ihtiyacın budur. Bu senin en temel ihtiyacındır. Senin yemeğin, aşın, suyun budur.

Senin Allah ile konuşmaya, dertleşmeye, O'na yaklaşmaya ihtiyacın var. Kalbini sadece Allah'a bağla. Eğer sen Allah'a olan ihtiyacını, açlığını giderirsen maddi olarak ihtiyacın ne kadar çok olursa olsun huzur içinde olursun. Yoksa bütün maddi ihtiyaçların giderilse bile hayattan huzur elde edemezsin.

Allah Zevk duygusunu yaratmış, kullarına ibadet için vermiştir. Ancak insanlar bu duyguyu; Aşk, araç, gayrimenkul, dizi, spor, sosyal medya gibi zahiri şeylere harcadığı için duygu bölünmüş, parçalara ayrılmıştır. İbadetten zevk almak isteyen Masivadan, dünya zevklerinden sıyrılmalı tüm arzusunu ibadete harcamalıdır. Bu Evliya'nın ibadetten huşu alma sebebidir.

Verirse sadece Allah huzur verir,
huzur kuldan gelmez.
Allah huzurumuzu versin.

Ey kardeşim! Bu anlattıklarım ibadetten huzur bulmak isteyenler içindir. Yok ben dünyalık zevklere de önem veriyorum, namazımı da kılıyorum diyene bir mâni bir günah yoktur. Ama dünyevi şeylere zevk duyan manevi olarak haz alamaz. Bu seçim de kulların hür iradesine bağlıdır. Allah kimseyi zorlamaz."

Said Nursi sözlerinin burasında durdu. Kafasını kaldırarak gökyüzüne bir müddet baktı. Derin bir nefesi içine doğru çekti. Bunu birkaç kez tekrarladı. Sonra gözlerime, kollarıma, ellerime göz gezdirdi. Sanki bir tefekkür halindeydi. Ağacın tepesinde yaşamak ona belli ki çok iyi geliyordu. Aklıma sevgili Peygamberimiz (s.a.v.) geldi. O da Nur Dağı'nın Hira Mağarası'nda günlerce kalır, tepeden Mekke üzerine tefekküre dalardı. Bu olay hep aklımdadır. Çünkü ilk vahyin geldiği an o andır. Küçükken din öğretmenimden öğrendiğim hafızamdaki en kalıcı bilgilerdendi bu...

Üstat bir süre sessiz kaldıktan sonra sözlerine devam etti.

Bağımlılıklardan Kurtulmak

"Bağımlılıktan ancak sabırla kurtulursun. Sabır ise her yeni güne başlarken yüce Allah tarafından kullarına lütfedilir. Ama sabrı insanlar yanlış kullanıyor. Bir günah ya da bir bağımlılıktan kurtulmak, onu terk etmek istediğinde bu almış olduğun kararı hemen ebedi olarak, yani bir daha hiç yapmayacağım diye düşünüyorsun. Yani sonsuza kadar bu kararın arkasında duracağını nefsine söylüyorsun.

Eşkıya nefsin bundan yararlanacaktır. Sana hemen içsel fısıltılar göndererek şöyle diyecektir:

– Şimdi sen bu kararı bir ömür nasıl taşıyacaksın? Bir ömür bu kararın arkasında durabilir misin gerçekten?

Evet, nefsin boş durmayacak ve seni bu aldığın karardan döndürmek isteyecektir. Nefsin sana, sen busun, artık düzelemezsin, bıraksan bile tekrar başlarsın diye fısıltı vererek hipnotize edecektir. Seni adeta kodlayacaktır. Sabrı yarına taşıma! Sabrı bugün için kullan.

Evliyaların bir tanesi Kuran okuyacağı vakit, nefsine bir sayfa okuyup bırakacağım dermiş. O bir sayfayı okur sonra tekrar nefsine bir sayfa daha okuyup bırakacağım dermiş. Bu şekilde bir oturuşta yüz sayfa Kuran-ı Kerim okurmuş.

Sen de nefsini böyle kandır. Nefsine uzun vadeler yükleme. Nefis bundan hoşlanmaz. Nefis tembeldir. O uyumayı sever. O ders çalışmamayı sever, o işe gitmemeyi, uzanmayı sever. O gezmeyi sever. Nefis zora gelmez. Sen ise uzun vadeler koyarak nefsini zorluyorsun, onu adeta kudurtuyorsun. Azdırıyorsun.

Nefsine, bir daha hiç içmeyeceğim deme. Bugünlük içmeyeceğim de. Çünkü sen bir daha hiç içmeyeceğim dediğinde nefsin buna dayanamaz, huzursuz olur. Bir süre sonra, bunu ben yapamam ki diyerek hemen muhalefet olmaya başlar.

Senin bağımlılığı bırakacak sabır gücün sadece bugün içindir. Yarın olduğunda Allah sana tekrar sabır gücü verir. Sabrını günlük kullan, gelmemiş geleceğe yayma! Merak etme, yarın için sabır gücü tekrar yaratılıp sana verilecektir. Bu hep böyle olmuştur.

Uyku bir ölümdür, küçük ölümdür, bu yüzden sen her gün tekrar doğuyorsun. Allah geçmişi bitirip seni yeni bir güne hazırlıyor. Yeni bir doğum şansı veriyor sana. Temiz bir sayfa yüklüyor. Ama sen zihninle her şeyi bugüne taşıyorsun. Geçmişi ve gelmemiş geleceği bugünün içinde yaşıyorsun.

Hiçbir zaman ben bunu bırakamam deme, ben yapamam deme. Ben mutlu olamam deme. Allah adına karar alma. Kaderi sadece Allah bilir. Senin gelecekte neler yapacağını ya da yapamayacağını Allah bilir, sen nereden biliyorsun hâşâ Allah'a ortak koşmaktır bu! O'nun ise ortağı ve dengi yoktur. Bunu biliyorsun, ama yine de bile bile gelecekle ilgili neler yaşayacağını şimdiden kafanda kuruyorsun. Aslında nefsin zihninin içinde senaryo yazıyor, sen ise ona inanıyorsun.

Nefsin Allah'a ortak koşmak istiyor, sana gelecekten haber veriyor, sen de ona inanarak nefsini tasdik ediyorsun. Tövbe et ve nefsini sustur. O'nun senin yaşayacaklarını söylemesine karşı de ki: Allah'ın ortağı yoktur, sen kimsin ki olacakları haber veriyorsun?

İşte sen tüm bunları yaparsan, sabrı günlük kullanırsan dilediğin bağımlılıktan kolayca Allah'ın izniyle kurtulursun.

Tembellikten Kurtulup İbadet, Ders ve İşlere Motive Olabilmek

Kardeşim! Sadece bugün yapılacak ibadetler ve dersler için mükellef tutuldun. Allah israfı sever mi hiç? Sevmez.

Bu yüzden sana günlük sabır verir. Allah hayatta kaldığın günler için senden ibadet bekler, yarının ibadetini senden beklemez. Yarına kalacağın ne malum? Bugün ölsen, O seni yarının ve sonraki günlerin namazlarından sorumlu tutmaz öyle değil mi?

Allah sana yine bugün için sabır gücü verir. Sen ki o sabır ile ibadetlerini, derslerini, işlerini yapabilesin. Ama sen, bu ibadetler ömür boyu biter mi, ömür boyu okul mu okuyacağım, ömür boyu çalışmak zorunda mıyım diye düşündüğün için bu nefsine ağır geliyor. Bu yüzden bulunduğun anı ve günü yaşayamıyorsun. Aklın daima gelecekte planlar içinde. Tüm bunları da sana fısıltı veren Eşkıya nefsindir.

Şeytan da gelecekteki sorumlulukları gözünde büyüterek senin nefsinin kaldıramayacağı bir hale getiriyor. Bugün için sana verilmiş sabrın gelecekle ilgili düşünmekten yine bölünüp parçalanıyor. Gözünde büyüyor. Nefsinin tembel olmasının tek sebebi budur. İşlerine ve derslerine odaklanamamanın yegâne nedeni budur. Senin sabra ihtiyacın varken bu sabrı uzun vadeli düşüncelere dalarak kullanıyor, tüketiyorsun.

Allah geçmişi bitirmiştir, gelecek ise gelme garantisi olmayan bir şeydir. Hiçbir şeyin hayatta garantisi yoktur. Sen tam ibadete, derse başlamak isterken, nefsin fısıltı veriyor: *Ama bak daha önce yapamadın, sıkıldın, yarım bıraktın!*

Sen o sese kulak veriyor ve sabrını geçmişe doğru yönlendiriyorsun. O anların içinde kayboluyor ve bugüne olan motivasyon gücünü tüketiyorsun.

O halde sadece bulunduğun anı düşün. Bu ana odaklan. Bu andan başka bir zaman dilimi yoktur. Her an bu yaşadığın, soluğunu hissettiğin an vardır. Tek gerçek an budur. Çalışmalarını, ibadetlerini bu ana göre ayarla. Bu an çalışacağım diyerek nefsine küçük görevler ver. Allah dünü kaldırdı, yok etti. Bir daha o yok, istesen de yok. Allah onu bitirdi, sen neden bitirmiyorsun?

Nefsine şöyle de: *Ey sersem nefsim! Allah dünü aldı, yürürlükten kaldırdı, yarının ise hiçbir garantisi yok. Nefsim tek bir yaşam vardır o da şu an.*

Nefsini iyice eğit, eğit ki; dünün bittiğini, Allah'ın dünü yürürlükten kaldırdığını idrak etsin. Böylece ibadet ve çalışmalarında sana bıkkınlık vermesin.

Sabrın Tükendiği İçin Dertler Ağır Geliyor, Tahammül Edemiyorsun: Sabrı Doğru Kullanmak

Ey kardeşim!

Senin sabrın tükenmiş. Sen sabır kuvvetini gereksiz yerlere harcamışsın. Sana şimdi gerekli olan sabır ihtiyacını geçmiş ve geleceği düşünerek harcayıp durmuşsun. Allah sana verdiği bütün imtihanlara göre sabır gücü de ihsan etmişken, yani hediye olarak sana sabrı ikram etmişken; sen sabrını, bitmiş olan düne ve gelmemiş olan yarına olan korkularını düşünerek pay etmişsin. Dağıtmışsın.

Allah sana Bakara Suresi 216'da **Allah hiçbir nefse gücünün yeteceğinden öte yük yüklemez** diye buyurup bu konuda garanti vermiş. Fakat Eşkıya nefsinizin sizi geçmişte ve gelecekte tutması sebebiyle yüklerinizi artırıyor, imtihanlarınızı tekrar tekrar yaşatarak bitmiş geçmişi defalarca yük ettiriyor ve sonra siz de isyana düşüp Allah'ı suçlamaya kalkışıyorsunuz.

Bu nefsinin sevdiği bir oyundur. O senin Allah'a karşı gelmeni ister. Şayet sen onu eğitmezsen o seni ele alır ve cehenneme odun olarak hazırlar! Sana bazı ayetleri anımsatmak isterim, bu ayetleri kalbine yaz ve her gün nefsine hatırlat."

Saidi Nursi, sözlerinin burasında durarak önünde bulunan Kuran-ı Kerim'i açtı. İçlerinden bazı ayetleri not almamı istedi ve tek tek okudu:

Nefsini tertemiz yapıp arındıran felah bulmuş kurtulmuştur. Onu kirletip örten kişi ise ziyana uğramıştır.

Şems, 9-10

Ey iman edenler! Siz kendi nefislerinizi ıslah etmeye bakın. Siz doğru yolda bulundukça yoldan sapanların size zararı olmaz.

Maide, 105

Kim inanır, nefsini ıslah ederse, onlara hiç korku yoktur ve onlar mahzun da olmayacaklardır.

Enam, 48

Bu ayetleri benimle paylaştıktan sonra ellerini göğe doğru açarak Peygamberimiz'in (s.a.v.) duasıyla Allah'a niyazda bulundu:

"Ey Allahım! Nefsime takvasını ver ve onu pak eyle! Onu pak edecek yegâne sen varsın. Onun velisi ve Mevla'sı sensin." (Müslim, 2722)

Notlarımı okunaklı bir şekilde tutmuştum. Üstat sanki son nasihatlerini verircesine sözlerine tekrar devam etti:

"İşte sizler nefsinizi eğitmediğiniz için kendi kendinize zulüm yaşıyorsunuz! Allah gönderdiği musibete denk gelecek şekilde sabır gücü ihsan etmişken, siz sabır gücünüzü israf ediyorsunuz.

Henüz gelmemiş gelecekteki karşılaşacağınız olumsuzlukları düşünerek o sıkıntıların altında daha bugündeyken eziliyorsunuz. Olmayan bir zararı, hastalığı, kaybı kesin olacakmış gibi düşünüp kendinize eziyet ediyorsunuz!

Gelecekteki günler henüz yaratılmamış iken o zamanki hastalıkları, imtihanları beyninizde canlandıran, senaryo yazan Eşkıya nefsinize kulak veriyor ve hayat direncinizi düşürüp depresyona giriyorsunuz.

Bir insan yarının yemeğini bugün yiyeyim dese ve midesini doldursa bir faydası olur mu? Ne kadar da mantıksızdır değil mi? Hatta ve hatta fazla yemek sebebiyle midesi rahatsız olur, hastalık tecelli eder. Siz de yarının olmayan sıkıntılarını içinize dolduruyorsunuz ve mideniz stresten zarar görüyor. Tüm bedeniniz kasılıyor.

Kardeşim nefsine sürekli hitap et. Onu telkin ederek eğit.

De ki:

Ey sabırsız nefsim!

Sen üç konuda sabırdan sorumlusun. Biri ibadetlere ihtiyaç duyduğun sabır, diğeri günahlara girmemen için gerekli sabır ve üçüncüsü başına gelen musibetlere karşı gerekli olan sabır. Şayet sen sabır gücünü gereksiz ve lüzumsuz şeylere dağıtıp harcamazsan sendeki sabır gücü her zorluğa yeterli gelecektir.

Bütün sabır gücünü düne ve yarına pay etmeyerek bugünün bütün zorlukları ile kolayca baş edebilirsin. Unutma ki yarın için sana yeniden Allah sabır gücü verecektir, tıpkı rızkını ve yarınki nefesini temin ettiği gibi. Bundan hiç şüphen olmasın."

Allah her gün sana sabır gücü verir
onu dikkatli kullan.
Dün için sabır gücü verilmez, çünkü
dün bitmiştir. Bu yüzden sakın sana
günlük verilmiş olan sabır gücünü dün için kullanma.
Ve yine sana sabır gücü yarın için verilmez
bu yüzden sana bugün için verilmiş sabır
gücünü yarın için kullanma. Eğer ki yarına
gözlerini açarsan, yarınki sabır gücünü
yarına kullanırsın. Eğer böyle yaparsan
bugünün sıkıntıları seni yormaz.
Çünkü bugün için elinde yeterince sabır gücü vardır.

Ve Yezra'nın gülen ses tonuyla gözlerimi açıyordum.

"Günaydın canım, ben erken kalktım kahvaltıyı hazırladım, fakat sen çok derin uyuyordun, bu yüzden kaldırmaya kıyamadım seni."

Karşımda tebessüm eden hayat arkadaşım vardı. Eş, aile olmak anlatılmaz bir duygu. Biz iki kişilik küçük bir aile olmamıza rağmen artık çok daha mutluydum. Olana razı olmak içime huzur veriyordu. Bunları Yezra ile de en uygun zamanda paylaşacaktım.

Bu öğretileri kitap haline getirmek istiyordum, bence tüm bu yaşadıklarımı kitaptan okumalıydı Yezra. Ona bu konuda sürpriz yapmaya karar verdim. Aynı zamanda amacım, evliyaların yaşamını, hayata bakışlarını merak eden ve ihtiyaç duyan insanlar ile paylaşmaktı.

Bir Evliya niçin üzülmüyordu, nasıl sabır gösterebiliyordu, ibadetten nasıl zevk alıyordu, bunu aslında bütün insanlık bilmeliydi. Herkese bu kitabı ulaştırma şansım yoktu ama inanıyordum ki bu kitap tavsiyeler üzerine nice yaşantıları değiştirecekti.

Evet, eş çok güzel bir duygu demiştim... Küçükken yine rahmetli dedem anlatırdı. Allah Hz. Âdem'i (a.s.) yaratıp cennete koyduğunda Hz. Âdem (a.s.) bir süre sonra içinde bir boşluk, eksiklik hissetmiş. Cennette olmasına rağmen içinde bir eksiklik varmış. Allah buyurmuş: "Ey Âdem, ben senin huzursuzluğunun, içindeki boşluğun sebebini biliyorum." Ve o an Âdem'in (a.s.) eğri kemiğinden Hz. Havva annemizi yaratmış.

Dedemin bu tür menkıbelerini çok severek dinlerdim. Düşünüyorum da insan cennette bile kendini eşi olmadan eksik hissediyor. İşte insanın hayatında eşi olması bu kadar önemli bir şey...

Bunları düşünürken telefonumun çalan melodisiyle bir anda manevi halim dağılıyordu sanki. Arayan asistanımdı. Cuma günü hiç işe gitmemiştim. Aksayan işler, vadesinde ödenmemiş borçlar vardı. Daha doğrusu işler pek yolunda gitmiyordu. Şirket bir kriz haline girmek üzereydi. Dünyasal dertler ile bir anda yine beynim dolmaya başlıyordu.

Düşünmeye başladım, ya bu işi batırırsam, ya eski düzenimi sağlayamazsam, bu firma hayatta ödeme yapmaz, daha önce de yapmamıştı zaten... Beynimde fısıltılar adeta cirit atıyordu.

Hemen o an aklıma Said Nursi Üstat'ın söyledikleri geldi. Kafamın içine dışarıdan baktım. Zihnime gelen sesler, kaygılar tamamen nefsimden geliyordu. Şeytan nefsimi elçi gibi kullanıyor, aklıma korku ve gelecek kaygısı sokuyordu. Sonra kendimi toparlamaya çalıştım. Bir süre düşünceleri izledim.

Kendi kendime dedim ki: *Yarın henüz yaratılmadı. Üstelik yarın için Allah bana ayrı bir sabır gücü verecek, şimdiki sabır gücümü neden yarına pay ederek şu an kendimi güçsüz, sabırsız ve çaresiz hissedeyim ki? Allah'a güveniyorum. O tıpkı yarın bana nefes vereceği gibi rızık da verecektir. Allah büyük. Allah Kerim. Üstelik yarın ne olacağını sadece Allah bilir ve O'nun ortağı yok ki bana yarın ne olacağı ile ilgili bilgi versin.*

Bir anda enerjim değişmişti. Gözlerimde bir perdenin kalktığını hissetmiştim resmen. Doğru ya Allah'ın ortağı yok ki geleceği bilsin ve bana söylesin. Şeytan işbaşındaydı. Kuru şüphe atarak ve benim de buna inanmamı sağlayarak beni kadere karıştırıp aklı sıra şirke sokmaya çalışıyordu. Artık şeytanın nasıl bir düzenek kurduğunun farkındaydım.

Üstelik bana yarını düşündürerek şu anki sabır gücümü tüketmenin peşindeydi şeytan. Çok şükür uyanmıştım. Artık zihnim bomboştu. Konuşamıyordu şeytan, adeta kilitlenmiş, afallamıştı. İşler bir şekilde yoluna girerdi. Benim tek yapmam gereken Allah'a şüphe etmeden güvenmemdi.

Elde ettiğim manevi hazzı kaybetmek istemiyordum. Ruhsal anlamda daha çok gelişmek istiyordum. Ruhum huzurlu oldukça ben ve eşim de mutluyduk çünkü.

Aklımda Abdülkadir Geylani Hazretleri vardı. Bu yola ilk onunla çıkmıştım. Rehberim oydu. Sanki bir şeyler eksikti, onunla tekrar karşılaşmak istiyordum ama nasıl? Kendisi hakkında internetten hemen bir araştırma yaptım. Kendisi 1078 yılında İran'ın Geylan şehrinde doğmuş. Henüz çok küçük yaşta babasını kaybederek yetim kalmış. Annesi ve yaşlı dedesi himayesinde büyümüş. On yaşındayken Allah tarafından meleklerin kendisini koruduğuna inanıyormuş.

Hatta kendisi henüz dünyayı teşrif etmeden babasının rüyasına bir gün sevgili Peygamberimiz Hz. Muhammed (s.a.v.) girmiş ve demiş ki: "Ey Ebu Salih! Allah-ü Teâlâ bu gece sana kâmil, olgun ve derecesi yüksek bir erkek evlat ihsan etti. O benim oğlum ve sevdiğimdir. Evliya arasında derecesi yüksek olacak."

Kendisi doğduktan sonra da yüksel halleri dikkat çekmiş. Doğduğu senenin ramazan ayında gün boyunca süt emmez, iftar olunca süt emmeye başlarmış. Hatta bu konuda şöyle bir beyti var:

"Başlangıcım şöyleydi, dillerde söylenirdi
Beşikteyken oruçtum, bunu herkes bilirdi."

O ramazan ayında havalar oldukça bulutluymuş. Bunun için insanlar oruç vaktinin bitip iftar saatinin geldiğini gökyüzüne bakarak anlayamamışlar, tereddüt içindelermiş.

O sebeple Abdülkadir Geylani'nin annesine gelip sorarlarmış. Eğer süt emdiyse onlar da iftar açarlarmış.

Küçüklüğünde bir gün çift sürmek için tarlaya gittiğinde öküz dile gelmiş ve demiş ki: Sen bunun için yaratılmadın ve bunun için emrolunmadın!

Korkmuş, koşa koşa eve gelmiş. Evin damına çıkmış. Gözüne Kâbe'de tavaf eden hacılar görünmüş. Annesinin yanına koşarak yaşadıklarını anlattığında, annesi, demek zaman geldi evlat demiş. Ve babasından miras kalan altınları oğlu Abdülkadir Geylani'nin elbisesinin iç kısmına dikerek Bağdat'a gitmesine izin vermiş. Allah yolunda da hiçbir zaman yalan söylememesi gerektiğini daima doğruluk üzerine olmasını sıkıca tembihlemiş. Kendisine selamet dileyerek de yolcu etmiş.

Abdülkadir Geylani Hazretleri Bağdat'a giderken başına gelen bir hadiseyi şöyle anlatıyor:

Küçük bir kafile ile Bağdat'a gitmek üzere yola çıktım. Hemedan'ı geçince, altmış atlı eşkıya çıka geldi. Kafilemizi bastılar. Kervanı soydular. İçlerinden biri benim yanıma geldi. "Ey derviş! Senin de bir şeyin var mı?" diye sordu. "Kırk altınım var" dedim. "Nerededir?" dedi. "Koltuğumun altında dikili" dedim.

Alay ediyorum zannetti. Beni bırakıp gitti. Bir başkası geldi, o da sordu. Fakat, o da bırakıp gitti. İkisi birden reislerine gidip, bu durumu söylediler. Reisleri beni çağırttı. Bir yerde, kafileden aldıkları malları taksim ediyorlardı. Yanına gittim. "Altının var mı?" dedi. "Kırk altınım var" dedim. Elbisemin koltuk altını sökmelerini söyledi.

Söküp, altınları çıkardılar. "Neden bunu söyledin?" dediler. "Annem, ne olursa olsun yalan söylememememi tembih etti. Doğruluktan ayrılmayacağıma söz verdim. Verdiğim sözde durmam lazım" dedim.

Bu sözleri duyup hakikate şahit olan eşkıya başının gözleri yaşardı. Abdülkadir Geylani Hazretleri'nin hakikat dolu gözlerine bakıp onunla kendi yaşını ölçtü. Kendisinin bu yaşa kadar nice hıyanet ve zulümler işlediğini, bir gün Hakk'a yönelmediğini acı acı düşündü ve o güne kadar yaptıklarından pişman olup, ellerini başına vurarak şöyle haykırdı:

"Eyvah! Biz de Allah-ü Teâlâ'ya söz vermiştik. Bunca zamandır şeytana uyup ahdimizi bozduk. Fenalık yaptık. Yarın Hak huzurunda acaba bizim halimiz ne olacak?"

Sonra arkadaşlarına dönerek dedi ki:

"Ey arkadaşlarım! Bana bakınız, beni dinleyiniz! Ben, bunca senedir Hak Teâlâ'ya karşı olan ahdimi bozdum.

O'na isyan ettim. İçimden gelen bir pişmanlıkla bütün günahlarıma tövbe ile Rabb'imin yoluna iltica ediyorum. Bundan böyle inşallah, Hak Teâlâ'nın razı ve hoşnut olmadığı bir şeyi yapmayacağım."

Reislerine pek ziyade bağlı olan adamlar hep bir ağızdan dediler ki:

"Efendimiz, reisimiz! Biz de sizden ayrılmayız. Eşkıyalıkta reisimizdin, hidayette de reisimiz ol!"

Bunun üzerine kervan ehlinden ne alınmışsa sahiplerine iade edildi. İlk defa benim vesilemle tövbe edenler, bu altmış kişidir.

Biraz daha araştırdıktan sonra kendisinin Bağdat'ta vefat ettiğini ve türbesinin orada bulunduğunu öğrendim. O an kesinlikle türbesini ziyaret etmem gerektiğini düşündüm. Bir an önce işlerimi ayarlayıp Bağdat'a gitmeliydim.

Yezra ile bu isteğimi paylaştığımda önce şaşırdı ama bu garip hallerime alışmıştı kısa zamanda o da... Bağdat'a uçmak üzere biletimi ayarladım.

Orada bir gün kalmak yeterli olacaktı ve niyetim Bağdat'ta bir gün kalarak oradan da İran'a geçmekti. İran'da İmam Gazali Hazretleri'nin türbesini de ziyaret etmeye niyet ederek yola çıktım ve yaklaşık iki saat yirmi dakikalık bir uçuşla Bağdat'a inmiştim. Dikkat ettim de Allah işlerimi çok kolaylaştırıyordu artık.

Niyet ettiğim her neyse bir anda oluveriyordu sanki. Çok şükür, beni her an işiten ve dualarıma cevap veren Allah'ım var. O'nun varlığını daima hissetmek bana aşırı bir güven ve huzur veriyordu. Havalimanından taksiyle kısa bir yolculukla Dicle Nehri kenarındaki türbeye ulaştım.

Avludan içeri doğru türbeye yaklaştığımda içimi değişik bir huzur, bir huşu kapladı. İstanbul'daki Eyüp Sultan Hazretleri'nin türbesinde de bu huzuru hissetmiştim. İçeride muazzam bir kalabalık vardı. Belli ki dua etmeye gelmişler... Ama ben dua etmeye ya da kendime bir şey istemeye değil daha ziyade onun enerjisini almaya, o büyük, kutlu Evliya'nın adeta dizinin dibinde olmaya gelmiştim.

Köşede duran bir grup dikkatimi çekti, Türkçe konuşuyorlardı üstelik. Yanlarına yaklaştım selam verdim. Tebessüm ederek selamımı aldılar. "Ben Ahmet" dedi grubun kılavuzu elini uzatarak. Elini sıktım, "Ben de Ali..." diye karşılık verdim. Ahmet bana, buradaki insanların çoğunun çocuğunun olmadığı, bazılarının evlenemediği ve işlerinin ters gittiği için Evliya'nın yüzü suyu hürmetine dua etmeye geldiklerini söyledi. Bana da hangi sebeple ziyarete geldiğimi sordu. Sanırım benim de bu şekilde bir sıkıntımın olduğunu ve dua etmeye geldiğimi düşünüyordu. Aslında evet böyle bir sıkıntım vardı. Çocuğum olmuyordu ama buraya gelene kadar bu aklımda yoktu.

Ahmet'e "Burada hazretin dizinin dibinde olmak için geldim" dediğimde gülmeye başladı. Sanırım bu ona komik gelmişti ki "Yoksa müridi mi olacaksın?" diyerek bana takıldı. Aslında kötü fikir değildi. Daha önce Berzah âleminde ders almıştım. Öğrencisi olmuştum. Ama bundan Ahmet'e hiç söz etmedim.

Ama Ahmet bu konuda sanki bir şeyler sezmişçesine bana bir menkıbe anlatmak istediğini söyledi. Severek dinleyeceğimi bildirdim...

O zamanlar kadının biri çocuğuyla beraber Hazreti Gavsu'l Azam'ın yanına gelir, çocuğunu Gavs'a teslim eder ve:

"Bu benim çocuğum, terbiye etmeniz için size teslim ediyorum" der. Hazreti Gavsu'l Azam, çocuğu halvete oturtur. Birkaç gün sonra kadın çocuğunu görmek için gelir. Çocuğunu incelmiş, zayıflamış görür, yanında ise sade bir arpa ekmeği olduğunu fark edince içten içe kızmaya başlar.

Hemen Hazreti Gavsu'l Azam'a gider, Gavsu'l Azam'ın tavuk yediğini görür ve şöyle der:

"Ya Gavs! Siz tavuk eti yiyorsunuz, benim oğlum ise arpa ekmeği yiyor ve oğlum incelip zayıflamış."

Hazreti Gavs konuşmaz, etten sıyrılmış olan tavuğun kemiklerini toplar ve:

"Çürümüş kemikleri dirilten Allah-ü Teâlâ'nın izni ile kalk" der. Allah-ü Teâlâ tavuğu diriltir ve Hazreti Gavs kadına:

"Maksadım oğlunun bu makama ulaşmasıdır. Oğlun bu mertebeye geldikten sonra hangi yemeği yerse yesin. O zaman zararı olmaz" der.

Gerçekten çok etkilenmiştim bu menkıbeden. Ben kuru buğdaya razıydım, hatta günlerce aç da kalabilirdim, yeter ki, bir kez daha karşılaşabilseydim onunla diye iç geçirdim. Ahmet'e artık hazreti ziyaret etmek istediğimi söyleyip teşekkür ederek yanından ayrıldım. Sandukasına yaklaştığımda aldığım koku başımı döndürdü. Mest olmuştum. Kendimden geçmiştim. Allahım bu nasıl bir şeydi böyle?... Ruhu şerifine sureler, dualar okudum ve bir süre sandukanın kenarında oturarak tefekküre daldım...

Türbenin yüzeyinde bizim camilerde olan şu kırmızı renkte, üzeri ise boydan boya şerit şerit çizili halılardan seriliydi. İçimden bir ses kalk namaz kıl diye fısıldadı. O an anladım ki bu ilham Allah ve meleklerindendi. Çünkü zihne gelen düşünceleri Abdülkadir Geylani Hazretleri bana ilk görüşmemizde öğretmişti.

Zihne doğan düşünceler, nefis ve şeytandan ya da melek ve Allah'tan gelir demişti. Bu ilham Allah'tandı belli ki... Uçağa binmeden önce abdestimi almıştım, hemen vaktin namazını eda ettim. Kendimi arınmış hissediyordum. Kenarda gözüme bir köşe kestirip kırmızı halının üzerine çöktüm, sırtımı duvara dayadım. Burada olmak bana çok iyi gelmişti.

Zihnim bomboştu. Yol beni yormuş olmalıydı, gözlerim kapanıyordu yine. Gözkapaklarım ile bir süre mücadele ettim ama onlara yenik düşmeye başlamıştım...

Fakat kısa bir süre sonra bir grubun türbeyi ziyarete gelmesiyle çıkarttığı ses ile aniden gözlerimi açtım. İstemeden de olsa daldığım bu küçük şekerleme uykusu beni biraz kendime getirmişti. Tekrar hazretin sandukasına döndüm. Sandukanın dışında büyükçe gümüş kaplama bir koruma kafesi vardı. Kafesin içi yeşil renkteydi. Sandukanın üzerindeki örtünün üzerinde altın ve gümüşten nakış olarak işlenmiş Arapça ayetler vardı.

Burada günlerce kalabilirdim. Manevi havayı her teneffüs edişimde ciğerlerim sanki yenileniyor ve bedenim başka bir kimliğe bürünüyordu.

Hava kararmak üzereydi, Bağdat'a gelmeden önce ayarlamış olduğum Green Zone bölgesindeki otelime gidebilirdim. Bağdat'ta eylemler sürdüğü için bu bölge uluslararası güvenli bölge ilan edilmişti. Bu yüzden Bağdat'a gelen insanlar konaklamak için bu bölgedeki otelleri tercih ediyordu.

Hazretin yanından ayrılmadan önce onu görmek istediğime dair dua ettim. Biliyordum ki beni duyuyordu. Ben de kalbimi ve aklımı sandukada bırakarak otele döndüm...

Akşam yemeğini hafif bir atıştırma ile geçirdikten sonra yedinci kattaki odama çıktım. Pamuk gibi yatak beni bekliyordu. Dinlenmeyi hak etmiştim artık. Yatsı namazımı kıldıktan sonra yatağıma uzandım. Tüm bu olanları düşünmeye başladım. Her şey ne kadar da hızlı gelişiyordu. Daha birkaç gün önce Pierre Loti yokuşunda zihnim dolu bir durumda yürürken, şu an kendimi Bağdat'ta bulmuştum.

Gerçekten hayat sürprizler ile doluydu ve ben bu sürprizin en anlamlı yerindeydim. Ama bir sürprize daha ihtiyacım vardı. Bu gece rüyamda Abdülkadir Geylani Hazretleri'ni görmeye niyet ettim ve gözlerimi kapattım...

ABDÜLKADİR GEYLANİ HAZRETLERİ

"Diliniz Allah'a teslim olmuş, ama kalbiniz değil.
İnsanlar arasında Müslüman'sınız ama yalnız
kaldığınızda değil! Namaz kılar, oruç tutar,
zikir çeker; fakat yalan söyler, haset eder,
kul hakkına girersiniz..."

Hakiki Mutluluğun Sırları

Ve sonrasında alışık olduğum o tok ve beni kendime getiren sesi tekrar işitiyordum:

"Ey halinden memnun olmayan!...

Sürekli halinizden şikâyet ederek Allah'ın hükmüne muvafakat göstermiyorsunuz. Allah'ın sizin için takdir ettiğine razı olmuyorsunuz. Siz Eşkıya nefsinizin arzularını, Allah'ın sizin için uygun gördüğü kaderden daha üstün tutuyorsunuz."

Abdülkadir Geylani Hazretleri'nin sözleri kalbin derinliklerine işleyen bir ok gibiydi. Sessizce dinliyordum. Kendisine soru soracak bir kelime bile bulamıyordum zihnimde. Zaten o benim zihnimdeki soruları okurcasına cevaplar veriyordu.

"İnsanoğlunun mutsuzluk sebebini sana söyleyeyim mi? Allah'ın sizin için uygun gördüğünü siz uygun görmüyorsunuz. O arada nefsiniz bağırıyor: *Ama sen bunu istememiştin, böyle olsun istemedin, senin duan başkaydı...* Nefsiniz sizi Allah'a karşı kışkırtıyor. Siz ise bir süre sonra hemen nefsinizin tarafına geçerek Allah'a isyana bile kalkıyorsunuz.

Eşkıya nefsinizin içinizden size fısıldadığı şeylerle gaza geliyorsunuz. Sonra da, *Allahım sen beni duymuyor musun, niye duama cevap vermiyorsun? Ben niye böyle şanssızım, benim kaderim niye böyle çilelerle dolu? Benim yüzüm ne zaman gülecek? Niye niye niye...* diye isyan ediyorsunuz.

Siz Allah'ı sorguya tutuyorsunuz! Nefsinize kul olmuş, gerçek ve tek olan Mabut'u unutmuşsunuz.

Ey Eşkıya nefsine uymuş!

Sen Allah'ın **Benim hükmüme razı olmayan kendine başka Rab arasın** nidasını duymadın mı? Başka bir RAB var mı?

Yok diyorsun duyuyorum, ama yalan söylüyorsun. Dilin bunu söylerken kalbin de buna inansın. O zaman nefsin de buna inanacaktır. Hem başka kulluk edilecek makam yok diyor, hem de nefsinin tarafında oluyorsun.

Siz insanların büyük bir kısmı Allah'tan memnun değilsiniz! Memnun olsanız, O'ndan gelen her şeye tevekkül ederek, Allah bana bunu uygun gördü der hamdederdiniz.

Üstelik Allah'ın istediğin şeyi sana hemen vermesinin senin için uygun ve hayırlı olduğunu nereden biliyorsun?

Şunu iyi anla! Kulun arzusuyla isteyip Allah'ın verdiği her şey o kulun hayat suyunu bulandırır. Başına bela olur. Bak insanlara, çok arzuladıkları şeye kavuşup da o kavuştuklarıyla başları belada! Canım dediğin insana gün gelir canın çıksın dersin. Âşık olarak evlendiğin insanla gün gelir boşanmak için adaklar adarsın! Bu hep böyle olmuştur, neden? Sen arzuladın Allah verdi.

O halde sen doğru dilden istemelisin. Sen nefsinin kışkırtmasıyla dua ediyorsun. Ancak kula kalbi tarafından ilham gelirse o istediği şey kendisine bereketli, mübarek, uğurlu olur.

Sizin kul olarak eksik yanınız budur. Sürekli sizleri gözlemliyorum. Bu söylediklerimi dikkate alın da ölüm uyanışından önce uyanın.

Vay size!

Diliniz Allah'a teslim olmuş, ama kalbiniz değil. İnsanlar arasında Müslüman'sınız ama yalnız kaldığınızda değil!

Namaz kılar, oruç tutar, zikir çeker; fakat yalan söyler, haset eder, kul hakkına girersiniz. Hemen şimdi bu alışkanlıklardan vazgeçin ve kalbinizle Allah'a dönün. Gerçek kul, gerçek Müslüman Allah'ın verdiğine razı olur vermediğine hamdeder. Allah verirse şükreder.

Gerçek Allah dostu, dünyasal sıkıntılara güler geçer, bilir ki Allah ona asla zulmetmez. Çünkü Allah kuluna zulmetmez ayetini kalbine yazmıştır. Bir kul Allah'tan başka kimseye muhtaç olmamalıdır. Onun için Padişah, Bakan, Başbakan, Doktor vs. çaresiz ve âcizdir. Kulun hiçbir gücü, üstünlüğü yoktur."

Geylani Hazretleri biraz duraksadı. Tekrar derin bir nefes alarak yüksek ve kalpten gelen bir ses tonuyla "Allah, Allah, Allah..." diye zikretti.

Birden aklıma rahmetli dedemin anlattığı menkıbelerden bir tanesi geldi:

Bir zamanlar, uzak diyarlardan birinde bilge bir sultan yaşarmış. Her hükümdar gibi onun da etrafı onlarca yağcıyla doluymuş. Sarayında hangi odaya girse iltifatların, övgülerin bini bir paraymış:

"Siz gelmiş geçmiş en kudretli sultansınız efendim!"

"Sultanım! Kimsenin, hiçbir şeyin gücü sizinkiyle boy ölçüşemez."

"Sizin kudretinizin yetemeyeceği hiçbir şey olamaz efendim."

"Siz sultanların sultanısınız ey aziz hükümdar. Kimse size itaatsizlik etmeye cesaret edemez."

Ama sultan aklı başında biriymiş ve bu tür aptalca sözleri duymaktan bıkmış usanmış.

Bir gün deniz kenarında yürürken, her zamanki gibi kendisine övgüler yağdıran saray ahalisine ve adamlarına bir ders vermek istemiş.

"Benim bu dünyadaki en büyük insan olduğumu söylüyorsunuz, öyle mi?" diye sormuş adamlarına.

"Sultanımız!" diye atılmışlar hepsi bir ağızdan. "Sizin kadar kudretli, sizin kadar büyük hiç kimse gelmedi bu dünyaya."

"Yani her şey bana itaat eder diyorsunuz, öyle mi?" diye devam etmiş sorularına sultan.

"Kesinlikle efendimiz" diye karşılık vermiş saraylılar. "Dünya sizin önünüzde eğilir ve size ram olur."

"Demek öyle" demiş sultan. "O zaman bana tahtımı getirin ve kıyıya koyun."

"Derhal sultanımız."

Ve tahtını hemen getirip kumların üzerine yerleştirmişler.

"Denize yaklaştırın" diye seslenmiş sultan. "Tam şuraya, kumsala koyun."

Sonra tahtına oturmuş ve önündeki denize bakmaya başlamış. Biraz sonra adamlarına sormuş:

"Bir dalganın gelmekte olduğunu görüyorum. Sizce ona emir versem durur mu?"

Sultanın adamları ne diyeceklerini bilememişler.

"Hayır" demeye de cesaret edememişler. Sonunda, "Siz emredin dalga size itaat edecektir sultanım" demek zorunda kalmışlar.

"Pekâlâ" demiş sultan da. "Ey dalga, sana emrediyorum: Dur! Deniz, sana da emrediyorum: Dalgalanmayı bırak!"

Daha sonra, sessizce beklemiş sultan. O arada, küçücük bir dalga gelmiş, sahile vurmuş. Dalga onun ayağını da ıslatmış.

"Bu ne cüret?" diye bağırmış ayağa kalkan sultan. "Ey deniz! Derhal geri dön! Sana önümden çekilmeni emrediyorum. Bana itaat et!"

O daha bunları söylerken, bu defa daha büyük bir dalga gelip ayaklarını ıslatmış. Uzaklardan geçen bir gemiden dolayı olsa gerek, dalgalar büyüdükçe büyümüş. Öyle ki, sultanın tahtı suların içinde kalmış. Sadece ayakları değil, elbisesinin etekleri de ıslanmış.

Bütün bu olup bitenleri hayretle izleyen saraylılar, fısıltıyla sultanlarının aklını kaçırıp kaçırmadığını soruyorlarmış birbirlerine.

"Evet dostlarım" demiş sultan adamlarına dönüp. "Öyle görünüyor ki, sizin inandığınız kadar kudretli biri değilim ben. Bakın şu küçücük dalgalara bile sözüm geçmiyor. Nerede kaldı, denizlere, dağlara, dünyaya hükmedebileyim... Bu size ders olsun. Bundan böyle tek bir sultan olduğunu, sadece O'nun kudretinin her şeye yeteceğini, denize onun hükmettiğini, bütün denizlerin onun kudret elinde bulunduğunu hatırlarsınız umarım.

Sultan da olsam, ben O'nun âciz bir kuluyum. Dolayısıyla, bana yönelttiğiniz övgülerin ve iltifatların gerçek adresi ancak O olabilir."

Hikâyeyi zihnimde tekrar canlandırıp düşünürken Geylani Hazretleri yine aklımdan o an geçenlerin farkında olurcasına sözlerini sürdürdü:

"İşte Allah dostu bir kul dünyaya böyle bakar" dedi ve sözlerine devam etti:

"Allah dostu kimseyi Allah'ın önünde tutmaz. Kimseyi Allah ile bir tutmaz. Hiçbir kulu çareci, şifacı, rızık verici, iş bitirici olarak görmez. Torpil istemez. Allah'a döner ve ne isteği varsa O'na arz eder. Sonra bilir ki artık gerisi kolay. Gerisini Allah çözecektir. Ne zaman çözeceğini ise Allah bilir.

Allah asla işlerinde acele etmez. Eğer acele etseydi dünyayı altı günde değil, bir anda yaratırdı! Bu yüzden bir kulunun duasını geciktiriyorsa bu kuluna azabı değil, rahmetindendir.

Kuluna uygun gördüğü zamanda ikram edecektir, senin nefsinin uygun gördüğü zamanda değil!"

Büyük Evliya sözlerinin burasında duraksadı ellerini açarak şöyle dua etti:

"Allahım hepimizi doğru yola ilet, bizi kendi tarafında ve seninle beraber kıl. Tövbelerimizi kabul et ve bizlere merhamet et. Bize dünyada ve ahirette iyilik ve güzellik ver, bizleri cehennem azabından da koru. Âmin!"

Sonra gözlerime bakarak:

"Oğlum!" dedi. "Benim muradım sensin, kendim değil. Gayem senin değişmendir, kendimin değil. Ben senin için geri döndüm, bana tutun ki çabucak ilerleyesin.

Ey kendisine Allah'ın takdir ettiğini beğenmez!

Yazık sana!

Dünyada yaşayanların nasibinde olmayan şeyin sana verileceğini mi sanıyorsun? Bu fikir senin kalbine ve zihnine yerleşmiş olan şeytanın vesvesesinden başka bir şey değildir. Sen Allah'a kulluk ediyorum diyorsun ama nefsine ve arzularına hizmet ediyorsun.

Kalbinle amel etmeden diline doladığın dini bilgiler seni Allah'a bir adım bile yaklaştırmaz. Bu yol kalbin yoludur. Yaptığı amelleri insanlara gösterenin ameli boştur. Sen insanlara dini bütünlüğünü göstermek için nefsine uyarak uğraşıyorsun. Sen dinini Allah'a göstereceksin, insanlara ise adamlığını!"

Allah asla işlerinde acele etmez. Eğer acele etseydi dünyayı altı günde değil, bir anda yaratırdı! Bu yüzden bir kulunun duasını geciktiriyorsa bu kuluna azabı değil, rahmetindendir.

Kuluna uygun gördüğü zamanda ikram edecektir, senin nefsinin uygun gördüğü zamanda değil!

Kalbinle amel etmeden diline doladığın dini bilgiler seni Allah'a bir adım bile yaklaştırmaz. Bu yol kalbin yoludur. Yaptığı amelleri insanlara gösterenin ameli boştur. Sen insanlara dindarlığını göstermek için uğraşıyorsun. Sen dindarlığını Allah'a göstereceksin, kullara ise insanlık ve adamlığını!

Verdiğimiz Değerin Karşılığını Neden Göremiyoruz?

Abdülkadir Geylani Hazretleri'nin bu nasihatlerinden sonra bir süre düşündüm. Evet, insanların çoğu gösteriş için yaşıyordu. "Desinler..." diye yaşayan o kadar çok insan tanıdım ki...

Dinimizi ibadet değil de, bir yere gelmek, bir makama ulaşmak adına kullanan insanlar ile çevriliydi etrafımız adeta. Bu şekilde bir yerlere gelmeye, kariyer yapmaya çalışıyorlardı; fakat bu tam anlamıyla dünyasal bir hedefti. Oysa din Allah ile kul arasında bir vasıta olmalıydı. Allah dini kullarının kendisine yaklaşması için var etmişti. O'nun kullarından istediği tam olarak buydu. Din ile Allah'a ulaşmak, bir makama ya da insanların gözüne girmek değil...

Aklıma takılan bir soruyu yöneltim, yüzü nurundan ayın on dördüncü günü gibi parlayan Evliya'ya:

"Peki, bizler verdiğimiz değerin karşılığını niçin alamıyoruz, niye hiç kimseyi memnun edemiyoruz?"

"Tabii ki nefisleriniz yüzünden" dedi ve sözlerine devam etti:

"Evladım! Kalbinin ferah ve geniş olmasını istiyorsan insanların ne söylediklerine kulak asma. Bilmez misin ki onlar Yaratıcı'larından bile hoşnut değiller, senden hiç hoşnut olurlar mı? İnsanların çoğu görmez, düşünceleri kıttır, yalan söylerler. Sen iyilik yaparsın gün gelir yapmasaydın derler.

Sen Allah'a yakın olmak istiyorsan Allah'ı hep kalbiyle anan insanlarla olmaya çalış.

Onların enerjileri seni daha çok mutlu eder. Onların saçtıkları ışıkla kalbin aydınlanır ve ferahlar. **Allah rızasına ermek isteyenler, insanların sıkıntılarına göğüs gererler.**

Sana, sana, yine sana! Allah'ı Allah'ı yine Allah'ı tavsiye ederim. Hakiki necat bu; kurtuluş budur! Aman ha aman! Âdemoğullarının başına gelen her türlü bela Rabb'inden şikâyet etmesi yüzündendir. O Rahman O Rahim'den nasıl şikâyet edilebilir ki? Merhametlilerin en merhametlisi O'dur.

Hükmedenlerin en isabetlisi O'dur. Hikmet sahibidir, her şeyden haberdardır. Şefkati ve acıması çoktur. Pek lütufkârdır. Kullarına asla zulmedici değildir. Hikmet ehli sevgi dolu, müşfik, mülayim ve candan bir doktor misali...

Allah'ın imtihanlarından kaçan Allah'tan kaçıyor demektir. Allah'tan kaçma. O'nun seni imtihan etmesinde bir sebep vardır; bakalım O'nun kapısını terk edecek misin yoksa etmeyecek misin, O'ndan razı olacak mısın yoksa isyan mı edeceksin?

Evladım! Allah'tan sana bir imtihan gelince sus ki sana ikram edilen sayısız lütuflara eresin. Sürekli Allah'tan gelen sıkıntıları kullara anlatıp dertleştiğin için sen Allah'ı bir nevi şikâyet etmiş oluyorsun, işte bu yüzden de kalbine ferahlık gelmiyor.

Halbuki biraz sussan ve sabır ile beklesen, her sıkıntının içine gizlenmiş olan kalp ferahlığını hissedeceksin. O zaman Allah senin kalbine, aşkını da, ilmini de yerleştirir. Evliyalar, sıkıntıları sabır ve sükûnet ile karşılayarak Allah aşkına ve marifetullaha ermişlerdir.

Mademki Allah yolundasın şunu unutma: Bu yol dikenlidir, ayağını düşünen gelmesin! Dinde zorlama yoktur, dinde aşk vardır. Aşk ise fedakârlıktır. Bir cefa çekilmeyen yol aşk yolu değildir. O cefa ise aşkın tadı tuzudur."

Oyaladığın ve zamanını tükettiğin insandan aldığın ahı bilemezsin. Zaman o kadar önemli ki; Allah Asr Suresi'nde zamana yemin ediyor. Yani zaman, Allah yemin edecek kadar önemli. Rabbim bizi oyalayan insanlardan korusun.

Merhameti çok olanın,
kıranı da çok olur. Sen yine de üzme kendini;
gelen de giden de Allah'ın ikramındandır.

Dua Ederken Önce Allah'ı Övün, Bu Allah'ın Hoşuna Gider

"Peki..." dedim. "Yaptığımız duaların daha tesirli olması, Allah'ın kabul etmesi için nasıl dua etmeliyiz?"

Çünkü bu sorunun cevabını mutlaka kitaba yazmalıydım. Bu cevabı bekleyen milyonlarca insan olduğuna inanıyordum.

Geylani Hazretleri dedi ki:

"Bol bol Allah'ı öv. Kuran'ın sırlarından biri de budur. Allah-ü Teâlâ birçok surede olduğu gibi Rahman Suresi'nde de kendinden övgü ile bahseder. Dinle oğul!

Rahman Kuran'ı öğretti, insanı yarattı, göğü yükseltti ve ölçüyü koydu, O iki doğunun ve iki batının Rabb'idir. Bu ayetler Rahman Suresi'nden. Yine yüce Allah Lokman Suresi 26'da da buyuruyor ki: Göklerde ve yerde ne varsa, hepsi Allah'ındır. Bilinmeli ki, asıl gani ve övülmeye layık olan Allah'tır.

Zuhruf 85'te ise, **Göklerin, yerin ve ikisi arasında bulunan her şeyin mülkü kendisine ait olan Allah ne yücedir** diye buyurmuştur.

Demek ki övgüye layık olan Allah'ın önce hoşnutluğunu kazanmak gerek. Dua ederken kalbin diline şahit olsun, yani duan ezber bir şiir gibi olmasın. Ne söylediklerini kalbinle hisset.

Duaya başlamadan önce de yüce Allah'ı şu şekilde öv:

Ey yeri ve göğü yoktan var eden Halik. Ey kullarının rızkını temin eden... Ey evveli ve sonu olmayan... Ey

istediği şeyi yapan ve yaptıklarından sorguya çekilmeyen Kudret sahibi... Allahım sana hamdolsun, Peygamberimiz Hz. Muhammed'e (s.a.v.) salat ve selam olsun. Sen ki göğü yüksek yeri alçak, dağları ise dik yarattın. Rüzgârlar gönderdin. Geceyi karanlığa, gündüzü aydınlığa bürüdün. Görülen ve görülmeyen varlıkları hiç kimsenin yardımına muhtaç olmadan yarattın. Allahım seni tüm noksanlıklardan tenzih ederim. Senin şanın ve kudretin ne yücedir.

Ya Rabbi, dua etmeyi ve bize de duaların kabul olacağını bildirdin. Ettiğimiz dualar senin Kader hükmünde kazaya bağlı kararlarını geri çevirdi. Rabbim sen kıyamette çürümüş kemikleri diriltensin. Sen cennet ve cehennemi yaratansın. Sen din gününün tek hâkimisin.

Sen el Adl olan Allah'sın. Sen kullarına adaletlisin. Yakup'un (a.s.) gözlerini açtın, Yusuf'u (a.s.) kuyudan kurtardın, Eyüp'ün (a.s.) üzerindeki musibetleri kaldırdın. Şimdi ben de sana yalvarıyorum ey adaletinden şüphe duyulmayan Rabbim.

Sen kendisinden bir şey istenilmeye tek layık olan ve en hayırlı olansın. Bu yüzden sadece ve sadece senin kapına geldim, ellerimi ve kalbimi sana çevirdim, sen edeceğim dualarımı kabul, hayırlı ve mübarek kıl.

Güzelce kiminle muhatap olduğunu hissettikten sonra duanı Allah'a sunabilirsin."

Geylani Hazretleri'ne sordum:

"Peki, nefsimle baş başa kalmamak için ne yapabilirim?"

"Oğlum!" dedi. "Bunu gerçekten istiyor musun? Kullar hem dünyalık lezzetleri hem de Allah'ı sevmek ister. Ama ikisini bir arada sevmek mümkün değildir. Aynıda anda iki kadını bile sevemezken, ilk kadının buna razı olmazken Allah kendine duyulan sevgiyi kulunun dünyası ile paylaşmasına hiç müsaade eder mi?

Ama insanlar Allah'ı sevdiğini söyleyerek dünyalıkları da seviyorlar. Bu yüzden Allah'ı tam olarak hissedemiyorlar, nefisleri dünyalık arzu içindeyken bir kul Allah'ı tam olarak hissedemez. Önce buna kesin karar vermen gerek.

Gerçekten Allah'ı hissetmek ve sevmek istiyorsan, tüm heva, nefsin yani arzularından sıyrılmalısın. Bunu başarabilirsen bir an olsun nefsinle baş başa bırakılmazsın. O vakit sen unutsan bile Allah sana kendini hatırlatır, düşersen kaldırır, seni uyandırır.

Allah artık kısa bir süre için de olsa zatından başkasına seni baktırmaz. Ama önce senin Allah'ı istemen gerekir. Bunun için de tamamen dünyalık sevdaları bırakman lüzum eder.

Zorlama yoktur, yok ben hem dünya hem de Allah'ı sevmeye devam edeceğim diyerek kendini kandırabilirsin. O vakit Allah'ı sever ama asla tam anlamıyla hissedemezsin!"

O an aklıma Said Nursi Üstat'ın kalple ilgili söyledikleri geldi. Onun dersinde öğrendiğim kalbin zahiri ve batini iki kısmı olduğuydu. Biz Allah'ı kalbin batini yani iç kısmına, en özel kısmına koymalıydık. Zahiri kısmında da evlat, eş, anne baba, akraba vs. sevmeliydik.

Bunları aklımdan geçirdiğim sırada Geylani Hazretleri her zamanki gibi zihnimi okurcasına "Kesinlikle!" dedi ve ekledi:

"Kul Allah'ı (c.c.) ruhuyla sever, Peygamberimiz'i (s.a.v.) kalbiyle sever, eşini nefsiyle sever, çocuklarını ise şefkatiyle sever.

Sen yeter ki nefsinin başını kaldırmasına fırsat tanıma. Sen onun iplerini ele al, aksi halde o ipleri ele almaya başlar. Allah'a itaat ve Allah'ı anma konusunda sana tembellik yaptırır, muhalefet olursa onu açlık ve giysi almayarak cezalandır. Ona her fırsatta ceza ver. De ki, madem sen benim ibadet yapmama, Allah'ı anmama engel olup tembellik yaptırmaya kalkıyorsun sana bugün sevdiğin yemeği vermeyeceğim.

Nefsini boş bırakırsan hemen seni dünyalık arzulara yönlendirir. Dünya hevesleri içinde aklın doluyken bin yıl da secde etsen sen bundan lezzet alamazsın.

Evladım! Şimdi Allah'ı gerçekten istiyor musun?"

Hiç düşünmeden "Elbette" diye cevap verdim.

Dedi ki:

"Ama görüyorum Allah hakkındaki kararın, iraden sağlam değil. Allah'ı istediğini iddia ederek başka şeyler peşinde koşan kimsenin davası geçerli olmaz.

Önce bir kulun bu davada samimi olması gerekir. İhlas nedir bilir misin? İhlas temiz, katıksız sevgidir. İhlas, yürekten bağlılıktır. İhlas, saf ibadettir. Sen görmesen de Allah'ın her an ama her an seni görüp izlediğinin farkında olmaktır.

Gece kapıyı kapar, perdeleri çeker ve yalnız kaldığını sanırsın. Kimsenin olmadığını düşünürsün, rahat hareket edersin. Ama Allah seni devamlı görmektedir, bunu unutursun. Bunu unuttuğun an ihlas yok olur. İhlas yoksa sevgi de yoktur, sevgi yoksa Allah'a nasıl âşık olacaksın?

Senin Allah'ın huzurunda sakince durman, edebi elden bırakmaman gerekir. Ve oturup seni gözetleyen Rabb'inle konuşman, O'nu anman; sana Aşk kapılarını ardına kadar açmaya başlar.

Bir gün Hallac'a öyle bir hararet bastı, öylesine aşka ve vecde gelip coştu ki, üzerindeki gömleği çıkarıp ateşe attı ve yaktı. Ona dediler ki:

Senin yaptığın bu iş şeriat hükmüne uymaz, malın boş yere yok edilmesi uygun değildir.

Hayır, dedi Hallac-ı Mansur. *Buna bizzat Kuran fetva vermiştir:*

Siz de Allah'tan başka taptıklarınız da cehennem odunudur. (Enbiya 98)

Gönül neye nazar ederse o şey seninle birlikte cehennem ateşine vurulur. Benim de gönlümde şu gömlek vardı. Kalbimi O'ndan başka bir şeyle meşgul edince acınacak halde gördüm. Nefsimin hevasını, arzusunu yaktım.

İşte böyle evladım! Dikkat et. **Kalbine alacağın şey sana Allah'ı unutturmasın. Eğer unutturursa o senin farkında olmadan taptığın şey olur. Allah ise şirke girmeni istemez. Üstelik farkında olmadan taptığın şeyi de cehennemde yakmak istemediği için seninle onun arasına engel koyar.**"

Aklıma Said Nursi Üstat'ın kelimeleri geldi. O da benzer şeyler söylemişti.

Gençlik dönemimde bir nişanlım vardı. Çok âşıktım ona. Gözüm ondan başkasını görmüyordu. Evlenmek için hazırlıklar yaparken bir anda aramıza bir soğukluk girdi ve ayrıldık. Hiçbir anlam veremiyordum. Çok dua ettim, ama olmadı, geri dönmedi. Tekrar bir olamadık. Meğer ben nişanlımı farkında olmadan Allah'tan çok anmış, önemsemişim. Onu farkında olmadan put haline getirmişim. Enbiya Suresi 98'i tekrar içimden geçirdim:

"Siz de Allah'tan başka taptıklarınız da cehennem odunudur."

Bu sure her çift için adeta bir anahtardı. Kilitli soruların cevabı bu ayetteydi. Allah nişanlımın yanmasına razı değildi. Ben ona aşırı bağlanmaya devam etseydim o benim putum olacaktı.

Bu bağlanış ona zarar verecekti. Evet, ayette hüküm kesindi. Allah kesinlikle kendisinden fazla bir şeye bağlanmamızı, nazar etmemizi istemiyordu.

İşte hep bunlar dinimizi Kuran'dan değil de kulaktan öğrendiğimiz içindi!

Dini kulaktan öğrenirsen Cahil
Kuran'dan öğrenirsen Âlim
olursun.

Hakikat Sırları

"Şimdi iyi dinle evladım:

Kurtuluşa ve Allah'ın hoşnutluğuna ermek istiyorsanız, nefsinize karşı gelmelisiniz. Sen nefsinle birlikte olduğun sürece, onun emir ve günahlarına göz yumduğun sürece Allah'ı tanıyamazsın.

Nefis Eşkıya ise kötülüğü emreder, şayet nefis Evliya ise güzel ilhamlar getirir aklına.

Nefsin doğası budur. Ya Evliya olur ya da Eşkıya. Şems Suresi 8. ayette Allah buyurdu ki:

Ve nefse günahını ve takvasını ilham etti.

Nefis iki kapılıdır. Dış kapısı günahlar, haramlar, kibir ve arzulara, iç kapısı da manevi hazlar ve Allah'a açılır. Bu yüzden onunla mücadele etmen gerekir, yoksa o seni dış kapıdan bakmaya zorlar. Sen nefsinle mücadele edersen nefis erir ve o zaman işte kalp ısınır. Sonra da kalp sırra erer.

Nefis bulanık bir deniz gibidir, onu temizlemek, Allah'ı anarak ve ona kulluk ederek olur. Sen nefsini temizlemeden Allah'a, O yüce Sultan'a nasıl yaklaşabilirsin ki?

Nefsini temizlemek istiyorsan onun arzularına dikkat et. Nefis hep ileriye dönük arzular içindedir. Planlar yapar. Bunu kendi içinde fark ettiğin an hemen engelle.

O an sevgili Peygamberimiz'in (s.a.v.) şu hadisini hatırla:

Sabaha çıktığında, nefsine akşamı anlatma; akşama ulaştığında da sabahı anlatma. [Buhari, *Rikak* 2; Tirmizi, *Zühd* 25 (2334)]

Bir gün Peygamberimiz (s.a.v.) yere bir çizgi çizmiş ve 'Bu insanı temsil eder' buyurmuş. Sonra bunun yanına ikinci bir çizgi daha çizerek 'Bu da ecelini temsil eder' buyurmuş. Ondan daha uzağa bir çizgi daha çizdikten sonra 'Bu da emeldir' demiş ve ilave etmiş: İşte insan daha böyle iken (yani emeline, arzusuna kavuşmadan) ona daha yakın olan (eceli) ansızın geliverir." [Buhari, *Rikak* 4; Tirmizi, *Zühd* 25 (2335); İbnu Mace, *Zühd* 27 (4232)]

Geylani Hazretleri'ni dinlerken onun tüm bu öğretilerini adeta su gibi içiyordum. Buna ruhumun ihtiyacı vardı. Aklıma Yezra ile yaptığımız tatil planları geldi. Her sene kış ayından erken rezervasyon kampanyalarına katılır ve tatili daha ucuza getirirdik. Bu tatil için altı yedi ay bekler, henüz kış ayında yazın planlarını düşlerdik.

Şimdi bu arzuların nefsimin bir oyunu olduğunu çok iyi anlıyorum. Yarın evet vardı ama ben yarına kalabilecek miydim? Sonra Said Nursi'nin dediği gibi Allah'ın bana verdiği günlük arzuları ben aylara bölüyordum. Bu yüzden de ibadetlerime karşı arzu duymuyordum. Nasıl duyabilirdim ki? Günlük verilen arzuyu ben gelmeyen yarınki arzularıma, heveslerime kullanmıştım.

Daha net görüyordum ki, nefsim tamamen beni ele almış oynuyormuş, ben ise uyuyormuşum. Bu yüzden içimde ibadetlerime karşı da tembellik vardı. Bu yüzden Kuran okumak isterken bile nefsim araya bir şeyler sokuyordu. Bu yüzden Allah'ı anmak isterken gevşeklik gösteriyordum.

Geylani Hazretleri tekrar seslendi:

"Yazık sana!

Ben seni Allah'ın değil, hep insanların yanında gördüm. Nefsinin ve insanların isteklerini eksiksiz yerine getiriyor ama Allah'ın hakkını ihmal ediyorsun. Nedir o hak? Namaz ve şükürdür. İnsanlara teşekkür ediyor ama Allah'ın verdiği nimetlere karşı şükretmeyi çoğu zaman unutuyorsun.

Seni yaratanın Allah olduğunu biliyorsun ama O'nun emirlerine uymak, yasaklarından kaçmak ve imtihanlarına sabretmek yoluyla kulluğun nerede?

Nefsine değil, Allah'a itaat edersen kurtuluşa ve kalıcı bir huzura erersin.

Nefsinin hiçbir sözünü kabul etme. O Evliya hale gelmeden sana iyilik fısıldamaz, kötülüğü emreder.

A nefsinin elinde oyuncak olup da Allah'ı istediğini söyleyen!

Nefis ve Allah bir arada olmaz. Dünya hiç ahretle yan yana olur mu? Nefsinin yanında olan Allah'ın yanında olma fırsatını teper.

Daima sabırlı ol. Sen eğer ki sabırda başarılı olursan Allah'tan gelene razı olmuş olursun. İşte o zaman Allah da senden razı olur. Siz kullar Allah rızası için yaşıyor ama Allah'tan gelene razı olmuyor, hastalıkta, ilişkilerinizde ufak bir imtihan olunca hemen şikâyet ediyorsunuz. Bıkkınlık geçiriyorsunuz. Sen Allah'a bir adım git ki O da sana koşarak gelsin.

O'na ilk adımı sen atacaksın. O zaman Allah da sana adım atacak. Sen O'ndan razı olmadıkça O da senden razı olmaz.

O halde ne zaman bir bela, bir imtihan içinde kendini bulursan hemen nefsine öğüt ver, ona de ki:

Ey gafil nefsim!

Söylenip ne duruyorsun? Bak Allah bizi gözetliyor. Ona bu sıkıntılar için hamdetmemizi bekliyor, O'ndan razı gelmemizi istiyor. Sakın sesini çıkarıp bu fırsatı geri tepme nefsim! Eğer ki sabretmez ve söylenip durursan seni aç bırakırım.

Evet, gerekirse ertesi gün oruç tut, onu aç bırak. Nefsin açlığa dayanamaz, o koca bir aslan iken süt dökmüş bir kedi haline gelir. Şimdi artık sabretmen daha kolay olacaktır, nefsin, zihnine düşünce sokarak artık seni sıkmayacaktır.

Sabrettiğinde ise Allah'a olan uzaklık yakınlaşır. Her şey senin için şükür haline gelir. Her şey Aşk'a dönüşür. Sırlar kapısı sana ardına kadar açılmaya başlar.

Ey nefsini yavaş yavaş ele alan!

Ruhun bedeninden çıkmadan nefsini ele al ki, gönlündeki huşu ve yüzündeki nur daim olsun. Nefsini ele almak; sabır ve onun arzularına karşı gelmekle olur, bunu daima anımsa. Tüm bunların meyvesini pek yakında alacaksın. Ben hayatım boyunca hep sabrettim ve meyvelerini topladım.

Öldüm sonra bana hayat verdi, sonra yeniden öldüm. Ben kayboldum, sonra Allah beni yokluktan yeniden varlığa döndürdü. O'nunla birlikte yok oldum. Hiç oldum. Nefsimin arzularıyla mücadele ettim, sonunda başardım..."

Abdülkadir Geylani Hazretleri'nin bu son cümlelerini daha kısık bir sesle duyuyordum, gittikçe yüksek sesten alçak bir tona inip, "Ve Allah bana ihsan etti, beni yüceltti" diyerek ses kesildi.

O an gözlerimi açtım. Bağdat'ta otel odamdaydım. Allah'a şükürler olsun ki duamı kabul etmişti. Yanımda taşıdığım ajandama tüm bu öğrendiklerimi not aldım. Öyle ya, bu notları daha sonra bir kitap haline getirecek ve ilk sürprizimi Yezra'ya yapacaktım. Hiçbir şeyden haberi olmayan canım eşim ne yapıyordu acaba şu an? Sahi dünden beri kendisini aramamıştım. En son Bağdat'a indiğimde mesaj atarak merakta kalmasın diye haber vermiştim.

Sabah namazını Abdülkadir Geylani Türbesi'nde kılmak istiyordum. Daha sonra kahvaltımı yapardım ne de olsa. Otele bir taksi çağırttım hemen Dicle Nehri kenarındaki türbeye geri döndüm. Cemaate katılarak sabah namazını kıldıktan sonra Geylani Hazretleri'nin sandukasına yaklaştım.

Dün gece için kendisine sonsuz teşekkür Allah'a ise şükürler ettim. Ruhu şerifine dualar okuyarak, onun yüzü suyu hürmetine; Türkiye'de ve dünyanın neresinde olursa olsun bütün Müslüman kardeşlerimin sıkıntıları için, özellikle çocuğu olmayanlara hayırlı evlat, evlenemeyen kardeşlerime de hayırlı mübarek eş, vatanımız, asker ve polisimiz için de dualarımı ederek İran'a gitmek üzere Bağdat Uluslararası Havalimanı'na geçtim.

Biletimi önceden ayarlamıştım. Yaklaşık iki buçuk saatlik bir yolculuk beni bekliyordu. Uçağımın kalkacağı peronu bulduktan sonra beklemeye başladım. Burada vakit öğlen sularıydı. Öğleden sonra nasip olursa Horasan Meşhed Uluslararası Havalimanı'na iniş yapacaktık.

Daha önce İmam Gazali'den rüya yoluyla eğitimi aldıktan sonra kendisini merak edip hemen sonrasında araştırma yapmıştım. Evliyanın büyüklerinden olan İmam Gazali'nin babası fakir ve salih kullardanmış.

Âlimlerin sohbetlerinden de hiç ayrılmazmış. Âlimlerin sohbet ve nasihatlerini dinleyince ağlar, Allah-ü Teâlâ'dan kendisine Âlim olacak bir evlat vermesini de ağlayarak istermiş. Kendisi yün eğirir ve İran'ın Tus şehrinde küçük bir yerde satarmış.

Öleceği vakit ise çok yakın ve güvendiği bir arkadaşına bir miktar mal ve para bırakarak şöyle vasiyet etmiş:

"Ben kendim, âlim bir kimse olamadım. Bu yolla kemale gelemedim. Maksadım, benim kaçırdığım kemal mertebelerinin, bu oğullarımda hasıl olması için yardım etmendir. Bıraktığım bütün para ve erzakı, evladımın tahsiline sarf edersin!"

Arkadaşı vasiyeti aynen yerine getirmiş. Babasının bıraktığı para ve mal bitinceye kadar, onun yetişmesi ve olgunlaşması için çalışmış. Sonra ona, "Babanın senin için bıraktığı parayı tahsil ve terbiyen için harcadım. Ben fakirim param yoktur. Sana artık yardım edemeyeceğim. Senin için en iyi çareyi, diğer ilim talebeleri gibi medreseye devam etmende görüyorum" demiş. Bunun üzerine İmam Gazali medreseye giderek yüksek âlimlerden olma saadetine kavuşmuş.

İmam Gazali, çocukluğunda fıkıh eğitiminden bir kısmını kendi memleketinde okumuş. Sonra Cürcan'a gitmiş.

İmam Ebu Nasr İsmaili'den bir müddet ders almış. Sonra Tus'a dönmüş. Cürcan'dan Tus'a dönerken başından geçen bir hadiseyi şöyle anlatıyor:

"Bir grup yol kesici karşımıza çıktı. Yanımda olan her şeyimi alıp gittiler. Arkalarından gidip kendilerine yalvardım. Ne olur işinize yaramayan ders notlarımı bana verin dedim. Reisleri, 'Onlar nedir? Nasıl şeylerdir?' diye sorunca, 'Onları öğrenmek için memleketimi terk ettim, gurbetlere gittim. Filan yerdeki birkaç tomar kâğıtlardır' dedim.

Eşkıyanın reisi güldü, 'Sen o şeyi bildiğini nasıl iddia ediyorsun, biz onları senden alınca ilimsiz kalıyorsun' dedi ve onları bana geri verdi. Sonra düşündüm, Allah-ü Teâlâ, yol kesiciyi beni ikaz için o şekilde söyletti dedim. Tus'a gelince üç yıl bütün gayretimle çalışarak, Cürcan'da tuttuğum notların hepsini ezberledim. O hale gelmiştim ki, yol kesici önüme çıksa, hepsini alsa, bana zararı dokunmazdı."

İmam Gazali sonra Bağdat'a gitmiş. Nizamülmülk'ün topladığı ilim meclisinde bulunan zamanın bilimadamları, İmam Gazali'nin ilminin derinliğine ve meseleleri izah etmekteki üstün kabiliyetine hayran kalmışlar.

İmam Gazali'nin İslamiyet'e yaptığı büyük hizmetleri gören Selçuklu veziri Nizamülmülk, şimdiki tabirle, onu Nizamiye Üniversitesi rektörlüğüne tayin etmiş.

Gazali'nin öğrenme merakı onun çok sayıda dini ve fikri akımları araştırmasına neden olmuş. Yaşadığı dönemde hakikati bulmak isteyen insanların dört kısma ayrıldığını ve her birinin hakikati kendi yolunda aradığını görmüş.

Bunlar; felsefeciler, kelamcılar, sufiler, batınilermiş. Hepsinin görüşlerini inceleyerek; kelam, felsefe ve batınilik yolunu kitaplarında ayrıntılarıyla tenkit etmiş ve sûfilerin yolu olan tasavvufa yönelerek hakikati bu yolda aramış. Gazali bu geçirdiği süreci *El-Münkız Mine'd Dalal* adlı kitabında şöyle anlatıyor:

"Gençliğimden itibaren elli yaşımı aştığım bu ana gelinceye kadar, bu engin denizlerin derinliklerine dalmaktan hiç geri durmadım. Coşkulu denizlere çekingen korkaklar gibi değil, cesur kimselerin dalışı gibi daldım, gördüğüm her meselenin üzerine atladım.

Her zorluğun içine apansız girdim. Her fırkanın inanış ve fikirlerini inceliyor, her grubun tuttuğu yolun inceliklerini ortaya çıkarmaya çalışıyordum.

Batınilik yolunu tutmuş her fırkanın, bu düşünceyle ne hedeflediklerini öğrenmeye çalıştım. Zahirilik yolunu tutmuş olanların, bununla neler elde ettiklerini ortaya çıkarmaya gayret ettim. Felsefe yolunu tutmuş olanların, sahip oldukları felsefeyi bütün esaslarıyla öğrenmeye özen gösterdim.

Hiçbir kelam âlimini dışarıda bırakmadan kelamdaki yöntemini ve mücadelesini öğrenmeye çaba gösterdim. Bütün gücümle ne kadar sufi var ise onun sufiliğindeki sırları öğrenmeye, ne kadar abid var ise bu ibadetleriyle neler kazandığını araştırmaya çalıştım. Bütün zındıkların, Allah'ın varlığını ve sıfatlarını kabul etmeyenlerin, bu inanış veya inkârlarının arkasında yatan sebepleri titizlikle araştırdım.

Her şeyin hakikatini öğrenmeye karşı duyduğum susamışlık; baştan ve gençliğimden beri tuttuğum yol ve benim bir hasletim olmuştur. Bu hasletler, Allah tarafından benim yaradılışıma ve hamuruma katılmış özelliklerdir; benim seçimim ve tercihim değildir.

Bunun sonucunda çocukluğumun coşkulu çağlarından itibaren taklit bağlarından sıyrıldım ve büyüklerimizden miras kalan sırf taklide dayalı inanç esaslarından koptum. Çünkü Hıristiyan çocuklarının hepsi bu din üzere yetiştiklerini, Yahudi çocuklarının sürekli bu dinin esaslarına göre büyüdüklerini, Müslüman çocukların da istisnasız İslam dini üzere yetişmekte olduklarını görmekteydim.

Yaratılıştan gelen asli hakikati ve ana baba ile hocalar aracılığıyla kazanılan sonraki inanç esasları ve taklit unsurlarının hakikatini öğrenme konusunda içimde büyük bir istek oluştu. Taklit, başlangıçta birtakım telkinlere dayanmaktaydı.

Bunların da hangilerinin hak ve batıl olduğu konusunda görüş ayrılıkları bulunmaktaydı. Kendime şöyle dedim: Benim istediğim, her şeyin gerçek yüzünü öğrenmektir. Öyleyse önce bilginin gerçek yüzünün ne olduğunu öğrenmekle işe başlamam gerekir."

Gazali'nin doğduğu ve büyüdüğü yer olan Tus o yüzyılda büyük bir tasavvuf merkezi olarak anılıyormuş. Gazali'nin öğrencilik hayatında tasavvuf geri planda kalmış. Geçirmiş olduğu ruhsal bunalım sonrasında ise tasavvufa yönelmiş.

İmam Gazali diyor ki:

"Beden kalbin ülkesidir. Bu ülkede kalbin birçok askeri vardır. Kalp ahiret için yaratılmıştır. Allah'ı tanımak ise onun yarattıklarını bilmekten geçer. İnsanın batınında olan sıfatlar genel hayvanlara, bazısı yırtıcı hayvanlara, bazısı şeytanlara ve meleklere ait olan sıfatlardır.

İnsan bunların hangisinden olduğunun farkına varmalıdır. Çünkü insan bunları bilmezse doğru yolu bulamaz. Bu saydığım sıfatların her birinin gıdası farklıdır. Hayvanın gıdası yemek, uyumak ve çiftleşmektir. Yırtıcı hayvanların gıdası ve mutluluğu; parçalamak, saldırmak ve öldürmektir. Şeytanların gıdası ise aldatmak, hile ve kötülük yapmaktır. Meleklerin gıdası ise Allah'ın cemalini müşahede etmektir.

Hırs, hayvan ve yırtıcı hayvan sıfatları melekliğe çıkan yol değildir. Eğer sen aslında melek cevheri isen Allah'ı tanımaya uğraş ve kendini o cemale ulaşacak hale getir. Kendini öfke ve şehvetin elinden kurtar."

Öleceği vakit yaklaştığında ise geceyi zikir ve Kuran-ı Kerim okumakla geçirip o gecenin sabah namazı vaktinde abdest tazeleyip namazını kılmış, sonra yanındakilerden kefen istemiş. Kefeni öpüp yüzüne sürmüş, başına koymuş ve demiş ki:

"Ey benim Rabbim, Malikim! Emrin başım gözüm üzere olsun."

Sonra odasına girmiş. Bu sefer odasında her zamankinden daha çok kalmış. Bunun üzerine oradakilerden üç kişi içeri girince, İmam Gazali Hazretleri'nin kefenini giyip, yüzünü kıbleye dönüp, ruhunu teslim ettiğini görmüşler.

Düşündüm de ne kadar da doğru bir görüşe sahipmiş İmam Gazali. Allah ruhunu yüceltsin.

Bu arada uçağa binmek için kapılar açılmıştı. Kuyruktaki yerimi alarak uçakta daha önce ayırmış olduğum koltuğuma oturdum. Hava gayet açık ve güneşliydi. Mayıs ayının tam ortası olunca yazın habercisi bahar, insanın içine güzel duygular katıyordu.

Uçak hazırlıklarını tamamlayıp kısa bir süre sonra yükselmeye başlarken ben de etrafı seyretmeye koyulmuştum. Ne kadar da küçüktü insanlar, binalar, koca Bağdat şehri... Aslında dünya o kadar küçüktü ki biz insanlar kendimizi bazen Kafdağı kadar sanıyor, gücü kendimizden biliyorduk. Kalpler kırıyor, insanların yüreklerinde derin yaralar açıyor şu iki vakit arası kadar kısa olan dünyada kendimizi kalıcı zannederek bazen Karun gibi hareket ediyorduk.

Nefsimiz bize dünyayı o kadar tatlı gösterip kendisine âşık ediyordu ki dünyalıklar peşinde koşmaktan asıl sevgili olan Allah'ı unutup işimiz düştüğünde adeta O'nu anıyorduk. Ama olsun O yine de çok merhametliydi. Çok esirgeyendi, çok çok çok... O'nu tanımlayabilmek için bütün güzellikler çokçaydı...

Kul ne yaparsa yapsın hemen kendisine ceza vermez, ceza vermediği gibi rızkını verir, görme rızkını sağlar, kulunu ayakta tutar, kuluna günlük nefes rızkını verirdi, bunları da hiçbir karşılık beklemeden ikram ederdi.

Gerçek iyilik sahibi Allah'tı... Biz O'na yeterince teşekkür ediyor muyduk acaba diye iç geçirdim. Dünyalık biri küçük bir iyilik yapsa hemen kendisine teşekkür eder, minnet duyardık. Biri kötülük yapsa belki yüzüne bir daha bakmazdık. Biz Allah'a istediği gibi kulluk etmememize rağmen her an yüzümüze bakıyor, bizi gözetliyor ve ikramlar ediyordu.

Bize olan nasıl bir sevgiydi bu? Kulları kendisi için ne kadar da değerliydi böyle? Ya Rabbi, dedim, sana istediğin gibi kulluk edemiyorum, farkındayım ama bunun için bize güç ver, öyle bir güç ver ki hem seni anmakta, hem de sana ibadet etmekte tembellik etmeyelim.

Başımı geriye doğru yasladım. Derin bir nefes aldım, geri verdim. Bu derin nefes iyi gelmişti bana. Sonra bir daha derinden bir nefes aldım, nefes için Rabb'ime şükürler ettim. Ciğerlerim işbaşındaydı her zaman ama bunun şu an farkındaydım. Allah'a bu ciğerleri sağlıkla çalıştırdığı için şükrettim. İçimdeki bütün organları tek tek duyumsamaya çalıştım. Kalbim, damarlarım, böbreklerim, bağırsaklarım, midem. Hepsi ilahi bir kudretin emri ve kontrolündeydi çok şükür. Bu tefekküre dalmış giderken gözlerim de kapanmaya başlıyor, kirpiklerim birbirine kavuşuyordu...

İMAM GAZALİ BULUŞMASI, NASİHAT, DUA-MANEVİ İLAÇLAR

"Kıymetli oğlum!
Allah-ü Teâlâ ömrünü uzun faydalı etsin.
Seni dostlarının yanından ayırmasın. Çünkü nasihat
peygamberlik kaynağından yazılandır. Nasihat kolaydır,
zor olan onu kabullenmektir. Nefsine uymaktan
zevk alanlara ise nasihat acı gelir!..."

O Hıristiyan ve Yahudilerin bile fikirlerine hayran kaldıkları büyük Âlim yine karşımdaydı. Selamlaştıktan sonra dedi ki:

"Beni ziyarete geliyordun, bizde misafir kapıda karşılanır, daha gelmeden gözlerimiz yollara düşer. Bizde bir adım gelene koşarak gidilir. O yüzden sen henüz gelmeden ben sana geldim.

Sen benden nasihat istersin, evlat, nasihat kolaydır. Asıl zor olan onu kabullenmektir. Nasihat nefsine uyup hayatı zevkusefa sananlara zor gelir. Acıdır, ama meyvesi tatlıdır.

Önemli olan nasihat duyman değil, öğrendiklerini hayatına uygulamandır. Sen yüz sene ilim okusan ve kitap yazsan, ilminle amel etmedikçe, yani öğrendiklerini hayatına uygulamadıkça Allah'ın rahmetine mazhar olamazsın. Çünkü Allah'ın rahmeti iyilik edenlere yakındır.

Evladım dünya tehlikelidir. Dünyanın içinde ateşten yaratılmış şeytanlar sizin daima peşinizde olup açığınızı kolluyor. Ayı şekilde ete kemiğe bürünmüş insan şeytanları da en güvendikleriniz arasında, yakınlarınızda gezmekte. Onlar size siper almış beklerken, siz hiçbir şeyden habersiz ve korunmasızca geziyorsunuz.

Ya göz! O göz ne tehlikelidir. Bir efsun göz değmesi kadar etkili olamaz. Peygamberimiz (s.a.v.) göz değmesi hakkında şu hadislerde bulunmuştur:

(Nazar haktır.) [Müslim]

(Nazar insanı mezara, deveyi kazana sokar.) [İbni Adiy]

(İnsanların yarısı nazardan ölür.) [Taberani]

(Hoşa giden bir şeyi görünce, 'Maşallah la kuvvete illa billah' denirse o şeye nazar değemez.) [Beyheki, İbni Sünni]

(Nazar neredeyse kaderi geçecekti. Nazardan Allah-ü Teâlâ'ya sığının.) [Deylemi]

İşte sevgili Peygamberimiz (s.a.v.) biz ümmetini göz konusunda defalarca uyarmıştır. Nazara bu derece önem vermiştir.

Üstelik yüce Allah, Peygamber Efendimiz'e (s.a.v.) hitaben Kalem Suresi 51. ayette şöyle buyurmuştur:

O kâfirler Kuran'ı işittikleri zaman neredeyse seni gözleri ile devireceklerdi.

Nazar için her gün bu ayeti bol bol okuyun. Okuyun ki Allah sizleri göz değmesinden korusun.

Sizlerin dünyada çok çok çok korunması gerekirken büyük bir cesaret göstererek evden çıkıyor, bütün gün dışarıda işlerinizi hallediyor ve eve geri dönüyorsunuz.

Sana bazı büyüklerimizin dualarını nasihat etmek isterim. Bunları can kulağıyla dinleyerek, her gün düzenli okuyasın.

Gece ve Sabah Korunmak İçin Dua:

Yüce Peygamberimiz (s.a.v.) her gece yatarken ve her sabah kalktığında Felak, Nas ve İhlas surelerini okur, eline üfler ve tüm vücudunda dokunabildiği yerlere ellerini mesheder yani sürerdi. Bunu da üç kez tekrarlardı. Sabah kalktığında da aynı şekilde tekrarlardı. Bu sizleri nazardan, fesat ve hasetlerden koruyacaktır. Bunları yapmak sünnettir. Peygamberimiz'in (s.a.v.) geleneğidir.

Nefsiniz tembelliği sever, bu tür konular zaten onun hiç işine gelmediği için sizin aklınıza bu tür korumaları getirmiyor. Gelse bile üşendiriyor. Bu şekilde bu sureleri okuyup elimize üflediğimizde ve üzerimize sürdüğümüzde enerjisi üzerimize işliyor. Bir kalkan, bir zırh gibi manevi koruma Allah'ın inayeti ile bizimle oluyor.

Evden Çıkarken Okuyanın Allah Yardımcısıdır

Henüz daha evden çıkarken 'Bismillah Hasbiyallah, Tevekkeltü Alallah Vela Havle Vela Kuvvete İlla Billahil Aliyil Azim' diye dua et.

'Allah'ın ismiyle (Allah'ın ismini söyleyerek) evimden çıkıyorum. Allah bana kâfidir, yeterlidir. Bütün işlerimde Allah'a dayandım. (O'na dayanıyor, O'na güveniyorum.) Güç ve kuvvet ancak ve ancak Allah'ın yardımıyla olur.'

Ey oğul!

Sen **Bismillah** dediğinde, bir melek sana, 'Hidayete ulaştın, Allah yolunu açık etsin' der. Sen **Hasbiyallah** dediğinde melek sana, 'Allah sana her konuda yeterli gelecektir' der.

Sen **Tevekkeltüala'llah** yani 'Allah'a dayandım, güvendim, O'na tevekkül ettim' dediğinde melek, 'Sen Allah'a dayandığın için gerçek güvencedesin' der. Sen **La havle vela kuvvete illa billah** dediğinde ise melek, 'Sen kendini tam bir koruma altına aldın' der. Bunun üzerine çevreni kuşatan tüm şeytanlar bir anda uzaklaşarak birbirlerine, 'Siz bu adamdan ne istiyorsunuz ki o doğru yolu seçti, kendini koruma altına aldı, artık bundan böyle onu rahatsız etmemiz mümkün değildir' derler.

Tesirli Koruma Duası

Evladım şimdi de sana her türlü şeytandan, büyü ve efsunlardan korunmak için tesirli dualar vermek isterim.

İmam-ı Rabbani Hazretleri, talebeleri ile uzak bir diyara yolculuk ederken, gece bir handa kaldılar. 'Bu gece bir bela zuhur edecektir. Bismillâhillezi lâ yedurru duasını üç defa okuyun' buyurdu. Gece büyük yangın oldu. Her odada eşyalar yandı. Duayı okuyanlara bir şey olmadı.

Dert, bela, fitne, hastalık, sihir, nazar yakanı bırakmıyorsa şu duayı günde üç kez oku:

'Bismillâhillezi lâ yedurru ma'asmihi şey'ün fil erdi ve lâ fissemâi ve hüves-semi'ul alim.'

(Allah'ın yüce ismine sığınana yerde ve gökte hiçbir şey zarar veremez! O, her şeyi işitir ve her şeyi bilir.)

Evladım!

Bu tesirli duayla ilgili sevgili Peygamberimiz (s.a.v.) şöyle buyurdular:

'Bismillâhillezi lâ yedurru ma'asmihi şey'ün fil erdi ve lâ fissemâi ve hüves-semi'ul alim' duasını sabah üç kere okuyana, akşama kadar, akşam okuyana da, sabaha kadar hiç bela gelmez. Her kim her sabah bu duayı okursa, kimsenin ona yolu yoktur. Yani ne zehir, ne sihir (büyü), ne de zalim bir sultan (ya da bir yönetici, patron) ona zarar verebilir." [İbni Mace] (Enes bin Malik'e [r.a.])

Oğul!

Şeytanların aralarında İFRİT diye bilinen en güçlüleri; Peygamberimiz (s.a.v.) Miraç olayında semaya yükseldiğini haber alınca, büyük telaşa düştüler.

'Şayet Muhammed semaları tanır, Allah'la bir araya gelirse, artık önüne geçilemez olur' diyerek bütün güçleri ile üzerlerine saldırıyorlardı.

İşte o zaman Cebrail (a.s.), Efendimiz'e (s.a.v.) bu duayı vahyederek korunmasını öğretti. Bu duayı Efendimiz (s.a.v.) okuyunca da kendisine zarar vermek isteyenlerin hepsi yandı, yok oldu.

O dua şudur.

'Eûzü BiVechillâhil Keriym, ve kelimâtillâhit tâmmâtilletiy lâ yücâvizhünne berrun velâ fâcirun, min şerri mâ yenzilu minesSemâi ve mâ ya'rucu fiyhâ, ve min şerri mâ zerae fil ardı ve mâ yahrucu minhâ, ve min fitenilLeyli venNehâri, ve min şerri külli târikın illâ târikan yatruku bihayrin, yâ RAHMÂN!...'

'Sığınırım Kerim Allah veçhine. İyi ve kötü kimsenin tecavüz edemeyeceği, saldıramayacağı O'nun kelimelerinin tamamına. Semadan inenin (fitne fikirlerden) ve semaya yükselenin (tahrik eden fikirlerin) şerrinden, arzda üreyenin ve arzdan çıkanın şerrinden, gecenin ve gündüzün fitnelerinden, hayırla olan müstesna, geceleyin kapıyı çalanın (içime doğanların) şerrinden, ya RAHMAN!...'

İşte, bu dualar diliniz ve kalbinizde eksik olmamalı. İnsan kendini korumazsa her türlü vesvese, takıntı, evham gibi hastalıklar baş gösterir, insanın içi daralmaya başlar, göğsü sıkışır durur. Nefesi kesilir. Bunların çoğu nazardan, hasetten ve kötü enerjiden kaynaklıdır.

Hayırlı Olanı İstemek İçin Dua

Evladım! Neyin hayırlı olup olmadığını biz bilemeyiz. Belki istediğimiz şey bizim için şerdir. Bu sefer zarar görürüz. Üzülür mutsuz oluruz. Nitekim yüce Allah İsra Suresi 11'de buyurdu ki: 'İnsan hayra dua ettiğini sanır ama aslında o şerre dua ediyordur. İnsan ne kadar da acelecidir." İşte bu konu son derece hassastır. Sen büyüklerimizin yolundan gidiver.

Hz. Aişe (r.a:) validemiz şöyle dua ederdi.

'Allahümme inni es'elüke minel-hayri küllini' acilini ve acilini ma 'alimtü minhu ve ma lem a'lem. Ve e'uzü bike mine'ş-şerri küllini 'acilini ve acilini ma 'alimtü minhü ve ma lem a'lem ve es'elüke'l-cennete ve ma karrabe ileyha min kavlin ev 'amelin. Ve e'uzü bike minen-nari ve ma karrabe ileyha min kavlin ev 'amelin. Ve es'elüke hayra ma se'eleke 'abdüke ve Rasulüke Muhammedün (s.a.v.). ve e'uzü bike min şerri meste'aze bike minhü 'abdüke ve Rasulüke Muhammedin (s.a.v.). Ve es'elüke ma kadayte li min emrin en tec'ale 'akıbetehu raşeden birahmetike ya erhamerrahimin.'

Yani oğul anlamı şudur ki:

'Allahım! Bildiğim ve bilmediğim hemen verdiğin veya daha sonra verdiğin (dünya ve ahiretin) her türlü hayrını senden istiyorum. Bildiğim ve bilmediğim hemen verdiğin veya daha sonra verdiğin (dünya ve ahiretin) her türlü şerrinden sana sığınıyorum. Senden cenneti ve beni cennete yaklaştıracak sözleri ve işleri yapabilmeyi nasip etmeni istiyorum. Cehennemden ve beni cehenneme yaklaştıracak olan sözlerden ve işlerden sana sığınıyorum. Kulun ve Peygamber'in Muhammed'in (s.a.v.) istediği şeyleri senden istiyorum. Kulun ve Peygamber'in Muhammed'in (s.a.v.) sana sığındığı şeylerden ben de sana sığınıyorum. Hakkımda hükmettiğin şeyin akıbeti bakımından iyilik ve doğruluk olanını isterim.'

Sana duaları hem Arapça okunuşu hem de açıklama olarak veriyorum, bunun sebebi Arapça okunuşunda tesir vardır, bu kelimeler sırlı kelimelerdir. Anlamını okumandaki mana ise; Allah'a nasıl yakardığını, O'na ne dediğini bilmen içindir.

Hz. Fatıma (r.a.) validemiz bir şey isterken her işini Allah'a bırakırmış. Allah'ın her sorununu çözeceğine yürekten inanarak dua edermiş.

Evladım! Duanıza başlayıp Allah'tan bir şey istemeden önce niyazda bulunun:

Ya Hayyu Ya Kayyum'u birahmetike esteğisu la tekilni ila nefsi tarfete aynin ve aslihi şe'ni kullehü.

Yani, ey diri ve her şeyi kudret elinde tutan Rabbim! Rahmetinle yardım isterim. Bir an bile beni nefsimle baş başa, göz açıp kapatacak zaman için bile bırakma. Benim her işimi sen düzelt.

Evladım, duanın manasına, derinliğine bakar mısın? Allah'ı önce öveceksin, O'nun kudretini ve kuvvetini nefsin unutmayacak. Tüm hücrelerin O'nun gücünü hissedecek ve sonra duanı O yüce kudrete konuşur gibi sunacaksın.

İki Seçim Arasında Kaldığında Edeceğin Dua

Hayatında bir seçim yapmak zorunda kalabilirsin. Bu bazen bir iş olabilir, bazen de evleneceğin insan olabilir. Bu bir ev ya da eşya da olabilir. Peygamber Efendimiz (s.a.v.) iki hüküm arasında bir seçimde bulunmak zorunda kaldığında şu duayı okurdu:

Allahım! İki hükümden en hayırlısını benim için lütfet. Benim için takdir ettiğini mübarek kıl. Öyle ki, geciktirdiğin şeyin acele gelmesini, acele getirdiğinin de gecikmesini istemeyeyim. (Cemius Sagır, 2141, hadis 1526)

Hızır Aleyhisselam'ın Duası (Bu Dua Dertli İnsanların Ruhuna Ferahlık Verir.)

Hızır Aleyhisselam da bir şey istediğinde Allah'ı yüceltir, böylece O'nun hoşnutluğuna ve rahmetine erermiş. İlyas (a.s.) ile bir araya gelir dua ederlermiş. Sen de onun gibi dua et ki Allah'ın hoşnut ve rahmetine ulaşasın. Hızır (a.s.) şöyle dua ederdi:

'Allah'ın adıyla. Allah neyi dilerse o olur. Allah'ın güç ve kudreti üzerinde egemen bir başka güç ve kuvvet yoktur Allah neyi dilerse o olur. Her nimet Allah'tandır. Allah'ın dilediği olur. Çünkü her şey Allah'ın elindedir. Allah'ın dediği olur. Kötülükleri ancak Allah önler.'

Kendini ne zaman bir sıkıntı, bir imtihan içinde bulsan hemen bu duaya sarıl. Yüce Allah'ın inayetiyle kalbinde rahatlama, ruhunda ferahlık bir anda hâkim olacaktır.

Başına Bir Musibet, Dert Geldiğinde Bu Duaya Sarıl

Yine Peygamberimiz (s.a.v.) bir dert, sıkıntı karşısında şöyle dua ederdi:

'Allahümme la ye'ti bil hasenati illa ente. Vela yezhebü bisseyyiati illa ente vela kuvvete illabillah.'

'Allahım gelebilecek olan herhangi bir iyiliği sen getirirsin. Giderilmesi gereken bir kötülüğü de senden başkası gideremez, önleyemez. Ancak sen önlersin. Allah'ın gücü ve kudreti üzerine hiçbir güç ve kuvvet yoktur.' " (Ebu Nuaym Beyhaki)

İmam Gazali'nin verdiği bu dualar o kadar anlamlı ve özeldi ki... Kilitli bir hazineye ulaşan altın anahtar değerindeydi benim için. Tam anlamıyla Manevi İlaç'tı.

Gerçekten de hayatımıza devam ederken sanki bir garantimiz varmış gibi korumasızca yaşıyorduk.

Çevremizde bu kadar çok göz değmesi, haset enerjisi gibi tehdit unsurları varken korkusuzca hayatımıza devam edebiliyorduk. Ne kadar da cesaretliydik biz, Peygamberimiz (s.a.v.) bile her gece kendini korumaya almadan uyumazken, evden çıkarken dua okurken biz bihaber yaşıyorduk. Kendimize hiç dikkat etmediğimizi fark ettim.

Bunların hepsini kaleme almalıydım, öyle ki başka insanlar da yararlansın, ne kadar çok insanı şeytandan muhafaza etmeye vesile olursam o kadar çok Allah'ın dinine yardım etmiş olurdum. Ve benimle birlikte bu duaları okuyanlar sevdikleri ile paylaştıklarında o insanlar da

Allah'ın dinine yardım etmiş olacaktı. Muhammed Suresi 7'de Allah'ın emrini böylece yerine getirmiş de olacaktık.

Notlarımı almıştım. Sonrasında İmam Gazali, ruhuma dokunan nasihatlerine şöyle devam etti:

İnsanın Hayatını Değiştirecek Sekiz Faydalı İlim

Evladım, dinle!

Hatem-ül Esam da ulu bir zattı.

Hatem-ül Esam, Belh şehrinin ulularından, Cüneydi Bağdadi gibi aziz idi. Onun hakkında, 'Bu zamanın sıddıkı Hatem-ül Esam'dır' demişler.

Bazı hadiseleri vardır. Kendisinin kulağı sağır değildi. Fakat ona Hatem-ül Esam dediklerinin sebebi: Bir gün ona bir şey sormaya bir kadın geldi. Konuşurken kaza ile o kadıncağız yellendi. Hatem-ül Esam ise kendini işitmeze verdi yani duymazlıktan geldi:

Kadına yüksek söyle kulağım ağırdır, işitmiyorum dedi. Ta ki o kadın utanmasın diye yaşadığı on beş yıl müddet içinde Hatem kendisini sağır yerine koydu. Kadın ahirete intikal ettikten sonra bunu devam ettirmeye lüzum görmedi. Ona sağır demelerinin sebebi bu idi...

Tam otuz sekiz sene ilim öğrendi ve öğrendiklerinden sekiz faydalı şey elde etti.

Seninle bu faydalı ilimleri paylaşacağım. Bu ilimler binlerce kitaba bedeldir. Bu ilimleri sindire sindire oku. Eğer bu faydalı ilimleri hayatına sokarsan ne stresin kalacaktır ne de hayat yorgunluğun.

Birinci fayda: Ben bütün mahlukata baktım; onların her birinin âşık olduğu ve sevdiği birinin var olduğunu gördüm. O sevgililerden bazıları, sevdiklerine ya ölüm hastalığına yakalanana ya da mezarının başına kadar eşlik ediyorlardı. Sonra onu tek başına bırakıp gidiyorlardı. Kimse onunla beraber kabir çukuruna girmiyordu.

Ben de düşündüm ve kendi kendime: 'Kişinin en sevgili dostu, kendisiyle beraber kabir çukuruna girip ona arkadaşlık edendir' dedim. Kabrimde bana dostluk yapacak hayırlı ve salih amellerden başka bir şey göremedim. Ben de, kabrimde bana ışık olsun, benimle muhabbet kursun, beni yalnız başıma bırakmasın diye salih amelleri kendime sevgili edindim!

İkinci fayda: Ben insanların, nefsin arzu ve isteklerinin peşinde koştuklarını, onun emirlerini yerine getirmek için acele ettiklerini gördüm. Allah-ü Teâlâ'nın: *Rabb'inin makamından korkan ve nefsini kötü arzulardan uzaklaştıranın varacağı yer cennettir.* Naziat 40, 41 ayetlerini düşündüm: Kuran-ı Kerim'in hak olduğuna inandım. Ben de, nefsimin kötü arzularına muhalefet etmek için çalıştım, onu terbiye etmek için kolları sıvadım; nefsim, Allah-ü Teâlâ'ya itaate razı olana ve O'na boyun eğene kadar buna devam ettim.

Üçüncü fayda: Gördüm ki, bütün insanlar dünya malı toplamak için çırpınıyorlar, sonra onu ellerinde tutmak için çaba sarf ediyorlar. Ben yüce Allah'ın: *'Sizin yanınızdaki (dünya malı) tükenir, Allah katındakiler ise bakidir'*

Nahl 96 ayetini düşündüm. Ben de dünyadan elde ettiğim her şeyi Allah için harcadım ve onları Allah katında benim için ahiret azığı olsun diye fakirlere dağıttım.

Dördüncü fayda: Bazı insanların, izzet ve şerefin akraba ve kabilenin çokluğunda olduğunu zannedip bununla aldandıklarını gördüm. Bazıları bunun, mal ve evladın fazlalığında olduğunu zannedip onunla iftihar ediyorlardı.

Bazıları da izzet ve şerefin, insanların mallarını zorla alıp onlara zulmetmekte ve kan akıtmakta olduğunu sanıyorlardı. Bazıları ise, malı ve mülkü israf etmek, onu saçıp savurmakta olduğunu zannediyorlardı.

Sonra ben Allah-ü Teâlâ'nın: 'Muhakkak ki Allah yanında en değerli olanınız, O'na karşı en çok takvalı olanınızdır' Hucurat 13 ayetini düşündüm ve takva ile amel etmeyi tercih ettim. Ben inanıyorum ki Kuran, Hak ve doğrudur. Onların kıymetli olarak düşündükleri şeyler ise boş ve geçicidir.

Beşinci fayda: Ben insanların birbirlerini kötülediklerini, arkalarından gıybetlerini edip çekiştirdiklerini gördüm. Bunun sebebinin, mal, makam ve ilimde birbirlerine karşı haset olduğunu tespit ettim. Ben de Allah'ın *'Dünya hayatında onların geçimlerini (rızıklarını) aralarında biz paylaştırdık'* Zuhruf 32 ayetini düşündüm; anladım ki her şey ezelde Allah-ü Teâlâ tarafından taksim edilmiştir. Ben de hiç kimseye haset etmedim ve Allah'ın taksimatına razı oldum.

Altıncı fayda: İnsanların bazı amaç ve maksatlarla birbirlerine düşmanlık ettiklerini gördüm. Allah-ü Teâlâ'nın: *'Gerçekten şeytan, sizin düşmanınızdır, siz de onu düşman edinin'* Fatır 6 ayetini düşündüm; anladım ki, asıl düşman şeytandır; ondan başkasına düşmanlık beslemek doğru değildir. Ben de, diğer insanları bırakıp onu düşman edindim.

Yedinci fayda: Gördüm ki insanlar azıklarının temini için hırsla, gayretle çabalıyorlar. Öyle ki, bunu yaparken şüpheli ve haram şeylere düşüyor, kendilerini zelil ve hakir durumlara düşürüyorlar. Ben, Allah'ın: *'Yeryüzünde yürüyen (yaşayan) her canlının rızkı yalnızca Allah'a aittir'* Hûd 6 ayetini düşündüm; anladım ki, rızkım Allah'a aittir ve O rızkıma kefil olmuştur. Bundan sonra ben de Allah'a (c.c.) ibadetle meşgul oldum ve O'ndan başkasından ümidimi kestim.

Sekizinci fayda: Herkesin bir şeye bağlandığını gördüm. Bazıları paraya, bazıları mal ve mülke, bazıları bir sanata ve mesleğe, bazıları da kendileri gibi insanlara bağlanıyorlardı. Yüce Allah'ın (c.c): *'Kim Allah'a güvenirse Allah ona yeter. Şüphesiz Allah, her emrini yerine getirendir. Allah her şey için bir ölçü koymuştur'* Talak 3 ayetini düşündüm; ben de Allah'a güvendim, O'na tevekkül ettim. O bana yeter. O ne güzel Vekil'dir dedim.

İşte evladım bu sekiz husus aslında Allah'ın Kuran-ı Kerim ve daha önce gönderdiği değişmeyen haliyle üç kitabında istediklerinin özetidir. Bu faydalar sizler içindir. Allah kitabında biz kullarını düşünerek kendisine yönelmemizi istemiş. Malın, makamın, paranın; kullarını halis mutluluğa eriştiremeyeceğini bize anlatmış.

Allah kullarını herkesten çok düşünür. Herkesten çok sever. Kullarının kalbine ikram ettiği aşk ile de kendisinin anılmasını, arzulanmasını bekler. Bizim dinimiz öyle zor, ağır ve insanlara yük olacak bir din değildir. Dinimiz insanların yükünü almak adınadır.

Daima Ahmaktan Kaç, Can Çıkar Huy Çıkmaz!

Evladım!

Sana son bir nasihatim daha var. Bazı insanlar vardır ki, onlar değişmezler. Onların kalpleri mühürlüdür. Onlar cahildirler. Bu insanlar sen ve senin gibi iyi niyetli insanları, merhametli, mazlum insanları çok yorarlar. Bütün hayat enerjinizi alıp götürürler.

Bu insanlarla sakın bir tartışmaya girme. Onların kalpleri hastalıklıdır. Onlar seni anlamaz kendi bildiklerine devam ederler. Ahmaklık hastalığına kimse çözüm olamaz. Onların kalpleri kinlidir, hasettir.

Sen onlara ne kadar güzel ve açık cevaplar versen de onlar bu cevapları kabul etmezler. Buna karşılık onlara hiç cevap vermemen o ortamı terk etmendir.

Bu kişiler biraz ilimle meşgul olmuşlardır ve bu ilmin kendilerine ömür boyu yettiğini sanırlar. Sürekli kusur arar dururlar.

Hz. İsa (a.s.) bu konuda şöyle buyurmuştur:

Ben Allah'ın izni ile ölüleri diriltmekte hiçbir zorluk çekmedim; fakat ahmakları tedavi etmekte cahil kaldım.

Evladım, dinle bak sana Hz. İsa'nın (a.s.) meşhur hadisesini anlatayım:

Bir gün Hz. İsa, sanki bir aslan kovalıyormuş gibi dağa doğru kaçıyormuş. Birisi ardından koşup:

– Ey Peygamber, demiş, hayrola, peşinde kimse yok, neden böyle kuş gibi kaçıyorsun?

Hz. İsa öyle hızlı koşmaktaymış ki, acelesinden cevap bile verememiş. Adam da onun ardı sıra koşarak arkadan bağırmış:

– Allah rızası için biraz dur da söyle, neden kaçıyorsun? Arkanda kovalayan yokken neden böyle yapıyorsun?

– Bir ahmaktan kaçıyorum, demiş Hz. İsa. Benim yolumu kesme de kendimi kurtarayım.

– Körün gözlerini, sağırın kulağını açan sen değil misin?

– Evet, benim.

– Ölüleri diriltmiyor musun?

– Evet.

– Topraktan canlı kuşlar yapan da sen değil misin?

– Evet, benim.

– Öyleyse kimden korkuyorsun?

– Allah'ın adına yemin olsun ki, İsm-i Azam'ı köre okudum gözleri açıldı, sağıra okudum duydu, ölüye okudum dirildi. Fakat ahmağın gönlüne yüzlerce kere okudum fayda vermedi.

– Bunun hikmeti ne? Neden ahmağa tesir etmiyor?

– Ahmaklık Allah'ın kahrıdır. Hastalık, körlük, sağırlık ise kahır değildir, bir iptiladır. İptila acınacak bir şeydir, ona Allah da, kul da acır. Fakat ahmaklık; ahmağa da, onunla konuşana da zarar verir. Ahmağa çare bulmanın imkânı yok!

Toprak suyu nasıl yavaş yavaş çekerse ahmak da insanın dinini böyle çalar.

İşte evladım vaziyet budur. Ahmak insanın enerjisi sadece kendini değil, seni de zehirler.

Benim bu anlattıklarımı duyan nefis insanların zihnine hemen şunları sokar: Her şey değişir, Allah isterse değişir.

Bu sözüm nefse ağır gelir.

Oysa herkes değişseydi Ebu Leheb ile Ebu Cehil değişirdi. Bunun gibi nice örnekler var...

Bakara Suresi 7. ayette Allah şöyle buyurdu:

Allah onların kalplerini ve kulaklarını mühürlemiştir. Gözleri üzerinde de bir perde vardır.

Kim ki ahmak değişir, ona şans verilmeli diyorsa şeytana uymuştur ve Allah'ın ayetine karşı gelmiştir."

Bir insanın huyu değişmez bunu sakın unutma.
Şunu bilesin ki, bir insanın bedenden önce canı çıkar,
sonra huyu çıkar, en son ise ruhu çıkar.
"Allah, onların kalplerini ve kulaklarını mühürlemiştir.
Gözleri üzerinde de bir perde vardır." (Bakara 7)

İmam Gazali'nin bu konuda da beni aydınlatmasına çok mutlu olmuştum. Hayat yolculuğunda en çok yaşadığım sıkıntılardan biriydi bu gerçekten. İnsanlara gerçeği anlatmak konusunda çok yorulduğum zamanlar olmuştu. Fakat ne kadar konuşursam konuşayım onlar beni asla anlamamıştı. Ve kötü enerjileri beni her zaman yormuştu. İmam Gazali ile daha önce tanışmış ve bunları ondan dinlemiş olsaydım Hz. İsa (a.s.) gibi ben de ahmaktan arkama bakmadan kaçardım.

Allah bir insanın kalbini mühürlemişken ben nasıl onu açabilirdim ki?

Bir anda farklı bir ses kulaklarımdan zihnime ulaşıyordu, bu ses pilotun iniş için alçalmaktayız anonsuydu. Gözlerimi yavaş yavaş aralayıp kendime gelmeye çalıştım. Uçuş süresince anlaşılan uyumuş, daha doğrusu yine rüya âleminde manevi eğitim görmüştüm.

Şimdi İmam Gazali'yi daha çok merak ediyordum. Uçak sonunda Meşhed Uluslararası Havalimanı'na inmişti. Telefonlarınızı kullanabilirsiniz anonsundan sonra hemen telefonumun harita programını açarak İmam Gazali'nin Tus'taki türbesine olan mesafeye baktım. Kırk üç kilometre kadardı.

Havalimanında sebebini anlayamadığım muazzam bir kalabalık vardı. O kalabalığın içinde bir gezi rehberi ile tanıştım. Adının Habib olduğunu söyledi. Kendisi Horasanlıymış ama iyi Türkçe biliyordu. Habib, Farsçada dost, arkadaş demekmiş.

Esmer, orta boylu, otuzlu yaşlarda görünüyordu Habib. Yanağının kenarında irice bir ben vardı. Hafif kirli sakalları yüzündeki beni örtüyordu. Kendisinden mübarek zatın kabrinin yerini öğrenmek istediğimde taksiyle gidebileceğimizi söyledi. Onu peşimden sürükleyerek rahatsız etmek istemiyordum aslında ama bu konuda ikna edemedim, benimle gelmeye kararlıydı. İyiliksever bir yapısı olduğu gözlerinin içinin gülmesinden belli oluyordu Habib'in.

Yirmi beş dakika sonra kabre gelmiştik, fakat gördüklerim beni adeta şok etmişti. Ben ihtişamlı bir türbe, sıraya girmiş dua eden insanlar topluluğu beklerken karşımda bir inşaat vardı. Kumlar, çimentolar ve etrafı dikenli tellerle çevrili bir alan...

Meğer Moğol istilası ile yerle bir edilen Tus şehrinden İmam Gazali'nin de türbesi o zaman nasibini alarak topraklarla örtünmüş. Daha sonra Kültürel Miraslar Kurumu araştırmacıları Gazali'nin yerini tekrar tespit etmişler.

Etrafta hummalı bir şekilde çalışan görevliler, toprak altında kalan türbe alanını daire şeklinde kazmış, açığa çıkan tuğladan duvarların göçmemesi için etrafını betonla kaplamışlardı.

Buraya gelmeye niyet ettiğimde sadece İmam Gazali'nin hangi ülke ve şehirde olduğuna bakmış ona göre uçak biletlerimi ayarlamıştım. Kabri hakkında bir araştırma yapmamıştım. Böyle bir şey beklemiyordum açıkçası. Ama zaten benim için önemli olan türbenin görselliği, doluluğu değil, burada o mübarek zatın enerjisini hissedebilmekti. Habib meğer burada halihazırda bir türbe olmadığını, inşaat çalışmalarının devam ettiğini ve zamanla turizme kazandırılacağını biliyormuş ama benim hevesimi kırmamak için olaylardan hiç söz etmemiş. Bu yüzden de yanımda gelmiş.

O arada bir ses işittim kalbimin derinlerinde:

"Evlat! Bizi yerde, gökte, mekânda arama; biz Hak âşıklarının gönlündeyiz!"

Sonra sözlerini beyitlerle sürdürdü:

"Aldanış içinde geçti bir ömür
Çokları kendine geldi son nefes
Şeytan edeceğini etti bir ömür
Müminler de garip haller içinde
Bir yol tutmuş herkes kendi keyfince
Kimisi dince kimisi bence
Diyerek o yolda gitti bir ömür
Vakif zahir ilmi tek hedef gördü
Hiç dert edinmedi irfanı gönlü
Dört mezhep kavline dikip gözünü
Kitaptan fetvayı verdi bir ömür

Nice Kuran ehli okur ayeti
Gatı çıkarmaktı bütün gayreti
Merak etmedi hiç, manası neydi
Meddi Lazımları çekti bir ömür

Vaiz coşku ile nakleder kıssa
Nefse hoş geleni seçer bilhassa
Söyleyen dinleyen bir hisse alsa
Ancak avunmaya yetti bir ömür

Derviş sarık sarıp giydi cüppeyi
Zannetti böylece çözdüm her şeyi
Gönlü dünya derken, yüzlük tespihi
Elden düşürmeden çekti bir ömür

Abid kendisince düştü bir aşka
İlmini almadan daldı taata
Okumadan şöyle tam bir Fatiha
Sub diyerek secde etti bir ömür

Kimileri düşer sevap derdine
Farz gibi umreye gider her sene
Sıra gelince şu garip işçiye
Vermeden hakkını yedi bir ömür

Birçokları cami çeşme yaptırdı
Hepsinin üstüne ismini yazdırdı
Şeytan onu ben ben diye azdırdı
Ben havasıyla esti bir ömür

Bazıları halka tebessüm saçar
Tevazu gösterir kol kanat açar
Evine girince olur bir canavar
Hanımı Le Havle çekti bir ömür

Pek çok kimse koşar vakıf işine
Dönüp bakmaz biraz kendi haline
Vakıf, bağlamaktır gönlü Rabb'ine
O ise makbuzla gezdi bir ömür

Niceleri girdi zikir yoluna
Bir zaman geçince kalktı davaya
Ulaştım diyerek Fena Fillah'a
Terk edip taatı ne etti bir ömür

Fakir gözün diker zengin malına
Zanneder mutluluk verilmiş ona
Çokları kendini üç beş paraya
Satarak zillete düştü bir ömür

Zengin şerefini malda aradı
Mal dedi sürekli ilme bakmadı
Dünyayı topladı gözü doymadı
Hırs atına binip gitti bir ömür

Birileri yanar saltanat diye
Ona göre hüner her türlü hile
Zenginden vazgeçtik fakiri bile
Yolmaya gözünü dikti bir ömür

Gençler baharımız solmaz zannetti
Güzelim günleri boşa sarf etti
Kimi sevdi ise bir gün terk etti
Ah ile kalbini deldi bir ömür

Sanat diye sahte roller yapıp
Medeniyet namına şeref satıldı.
Alkış alındı
Hülyalar içinde bitti bir ömür

Şair düştü daim söz tuzağına
Filozof takındı akıl bağına
Bilgi yakalandı iraf ağına
Kelamcı da hep laf etti bir ömür

Kim Allah diyerek yönelse O'na
Mevla yolu açar muhlis kuluna
Aşkın halkasını takan boynuna
Hak'tan geldi Hakk'a gitti bir ömür

Kalbi selimdir bizden istenen
Budur asıl günde bitmez sermayen
Temenniye terk et, amel et hemen
Hak bu yola davet etti bir ömür..."

Gözlerimden yaşlar boşanırken Habib ise hiçbir şeyden habersiz şaşkın bir ifadeyle bana bakıyordu.

Sonra kalbimin derinliklerinden gelen ses zihnimle konuşmaya devam etti:

"Ey oğul!

Sen Allah'ı bul. Baktığın her yerde O'nu gör. Dilersen Allah'ın huzuruna izinsiz ve tercümansız girebilirsin. Bu senin elindedir."

"Peki, bu nasıl olacak?" dedim kalbimden gelen sese.

Cevap verdi:

"Güzel bir şekilde abdestini alırsın. Namaz kılacağın yere geçersin. Bir de bakmışsın ki Âlemlerin Rabbi'nin huzurunda izinsiz ve tercümansız O'nunla konuşuyorsun. Unutma evlat! Hz. Ali (r.a.) Efendimiz buyurdular ki: Namaz kılan insan aslında Aziz ve Celil olan Allah ile münacatta bulunuyordur."

Bu arada vaktin namazını kılmalıydım zaman geçmeden. Bir yandan da namazımda Allah'a münacatta bulunacağımın heyecanı vardı. Daha önce adeta görevimi yerine getirmek için namaz kılıyordum ve hissiyatta eksiklerim vardı. Bunun farkındaydım. Zaten Said Nursi de arzularımı dünyalıklara pay ettiğim, böldüğüm için Allah'a yönelişim için gereken arzu duygumu nasıl yitirdiğimi bana anlatmıştı.

Habib ile birlikte yakındaki camide vakit namazımızı eda ettik. Namaz kılarken kendimi Allah'ın huzurunda ve O'nunla konuşurcasına hissettim. Aramızda hiçbir tercüman yoktu. Beni izliyordu. İşte kulum karşımdasın ve bana verdiğin Kalubela'daki sözünde durdun dercesine hoşnuttu. Hissediyordum bunu çok net, tüm kalbimin derinliklerinde hissediyordum hem de.

O benim Aşkım'dı. O benim, dertlerimi dua yoluyla paylaştığımdı. O hayatımın anlamıydı. O gecemin, gündüzümün, nefesimin, bedenimin sahibiydi. O her şeyimdi. O'na kendimi çok daha yakın ve samimi hissediyordum.

İçimizdeki Kin, Kırgınlıkları Atarak Allah'a Ulaşmak

Yine o ses kalbimin derinliklerinden bana sesleniyordu:

"Allah'ı daha iyi hissedebilirsin."

Düşündüm de bu sesler rahmani seslerdi, ya meleklerden ya da hayatımın anlamı olan, kalbimin en özel yerinde tecelli eden Rabb'imden gelmişti.

"Peki..." dedim. "Nasıl daha iyi hissedeceğim Rabb'imi?"

Fısıltı şöyle devam etti:

"İnsanın içinde dünyaya fazla bağlı bir aşk, kin, kırgınlık, kıskançlık varsa Allah'ı yeterince hissedemez. Önce bunları kalbinden atman gerekir, şimdi sana anlatacaklarımı uygula!

Bütün dünyevi zevklerini, kırgınlıklarını, kin duyduklarını midenin üzerinde bir kabın içinde düşün. Başını midene doğru eğ. Ve şöyle söyle: La, yani *yok* diyerek başını kaldır, başının üzerinden bir kuyu boşluğu varmış gibi bu dünyevi şeyleri dışarı at.

Sonra da İlahe (Allah) de. Hisset ki Allah'ın Nuru senin başının üzerinde, o kuyudan içeri doğru beynine ve tüm bedenine yayılıyor. En son İllallah (Allah'tan başka) diyerek içindeki tüm organlarının Allah ile dolduğunu hisset. Kalbinin, böbreklerinin, ciğerlerinin, midenin, kanının, damarlarının...

Ve devam et. De ki, Allahım senden başka ilah yoktur. İçimdeki senden daha çok andığım, hatırladığım tüm dünyevi şeyleri senin için bıraktım. Nefesim, canım, her şeyim sensin ve senindir."

Tüm bu işittiklerimi camiden çıkmadan yaptığımda içimde muazzam bir duygu hissettim. Gerçekten de içimde yaşadığım, hayal kırıklıkları, kırgınlıklarım ve dünyaya olan bağımlılıklarımı, düşüncelerimi dışarı atıp içimi Allah ile doldurduğumda yeni bir ben olmuştum.

Ruhumu arınmış, dinlenmiş hatta sanki yeni doğmuş bir bebek gibi hafif hissediyordum.

O arada Habib bana büyük bir zattan söz etti. Bu zatın adı İmam Rıza idi. Peygamber Efendimiz'in (s.a.v.) torunlarından imiş. Ve türbesi de Meşhed'de buraya çok yakınmış. İstanbul'a dönmeden önce orayı da mutlaka ziyaret etmem gerektiğini söyleyince yola koyulduk.

İmam Gazali'den ayrılma vakti gelmişti, ama o burada Tus'ta değil, benim gönlümdeydi. Eğer bir şey kalbindeyse mesafelerin anlamı yoktur, bunun çok iyi farkındaydım artık.

İran'da Meşhed çok kutsal bir şehir olarak görülüyordu. Bunun sebebi ise; Hz. Ali'nin (r.a.) eşi, Peygamber Efendimiz'in (s.a.v.) ise kızı Fatıma tüz Zehra validemizi burada çok sevmeleriymiş. Hatta İmam Rıza'nın türbesine yolculuk boyunca, **Mohammed, Ya Zahra** yazılı kamyonlara denk geldik. İmam Rıza ise ehlibeytin 8. imamı burada şehit edilmiş.

Meşhed, "şehit edilme yeri" anlamını taşıdığı için bu eyalete Meşhed ismini vermişler.

Çok ilginç ki buraya akın akın ziyaretçiler gelmekteydi. İran'a indiğimde havalimanındaki o muazzam kalabalığın sebebini şimdi daha iyi anlıyordum.

Ve İmam Rıza tüm ihtişamı ile karşımızdaydı.

İnsanların buraya hacı olmak için geldiklerini de Habib'den öğrendim. Meğer İmam Rıza Türbesi Şiilerin Kâbe'si olarak görülüyormuş. Üstelik 500 bin insanın bir anda ziyaret edebileceği bir alanmış. Burada hem turist hem de ziyaretçi vardı.

Türbe çok sayıda avlulu bahçeden oluşuyordu. Büyük bir külliye idi. İçinde İslami Bilimler Üniversitesi, kütüphane, klinik, iki büyük müze, misafirhane ve altın kaplamalı minareler vardı. Mimari olarak öyle görünüyor ki İslam sanatının en güzel örneklerinden biri olmalıydı.

Ahşap mozaikler, ayna işçiliği, çini ve alçı işlemeler, taş oymalar, adeta bir karmayı bu külliyede görmek mümkündü. İçeride ise 13. yüzyıla ait seramik ve çeşitli süslemelerle kaplanmış kolanlar, eyvanlar vardı. O kadar büyük bir alandı ki her kapı farklı bir avluya açılıyordu.

Kapıdaki güvenlik Türk olduğumu anladığında gülümseyerek, "Hoş gelmiş sefalar getirmişsiniz" diyerek sevgilerini dile getirmişti. Habib burayı yaklaşık üç saat gezerek ancak her yeri görebileceğimizi söylediğinde şaşkınlığım artıyordu.

İnsanların büyük bir çoğunluğu yerlere serilmiş, kimileri de dua ediyordu.

Nihayet İmam Rıza'nın sandukasına gelmiştik. Ayakkabılarımızı çıkartarak galoş giydirdiler. Ama sandukaya yaklaşmak ne mümkün!

İnsanlar sandukanın çevresini saran demirlere yaslanıp yüklenmiş ağlıyorlar, güvenliğin çağrılarına bile kulak asmadan dua ediyorlardı. Sandukaya yaklaşmak gerçekten çok zor olacaktı. Tam o sırada güvenlik görevlisi bir bayan yanımıza sokularak "Nereden?" diye sordu. Türkiye deyince o da gülümsemeye başladı ve kendisini izlememizi istedi. Bizi arka taraftan bir yerlere götürdü, kısa birkaç merdiven indikten sonra birkaç koridordan geçtik. Kendimizi bir anda sandukanın yakınında bulduk.

Bu gizli bir geçit gibiymiş, Habib de bilmiyormuş bu sayede öğrenmiş oldu. Çok değişik bir enerji vardı burada. İnsanın içine işleyen, hemen kanına kadar karışan bir huzur...

Bunu anlatmak zordu yaşamak gerekiyordu. Burada enteresan bir atmosfer hâkimdi. Derin derin nefes aldım. Bu atmosferin içime sinmesini istiyordum. Buraya Yezra'yı da mutlaka getirmeliydim. Sahi Yezra'yı bugün hiç aramamıştım. Bir telefonumun olduğunun bile farkında değildim uzun süredir. En son uçaktan inerken İmam Gazali Türbesi'ni bulmak için bakmış sonra sessize almıştım.

İmam Rıza'nın ruhu şerifine Habib ile birlikte dualar ettikten sonra çok beklemeden ayrılmak zorunda kaldık.

Orada saatlerce bekleyip insanların hakkını gasp etmek istemezdim. Bu zaten dinimizde de hoş bir şey değildir.

Biraz uzaklaşıp uygun bir yer bulduktan sonra Yezra'yı aradığımda, alaylı bir tavra dayanan ses tonuyla, çok şükür aklına gelebildim diyerek açtı telefonu. Beni özlediği için böyle davrandığını düşündüm. Ben de onu özlemiştim, seviyordum da ama kalbimin zahiri kısmıyla, çünkü batini kısmında Allah vardı. Kalbimi artık bir saray gibi görüyordum. Sarayın iç kısmı Allah'a aitti, sarayın avlusu ise yani dış kısmında ailem, akrabalarım, arkadaşlarım vardı... Ne mal ne de mülk bırak ki kalbe girsin aklımda değildi.

Nasipse 18.00 uçağı ile İstanbul'a dönecektim. Yezra da havalimanına gelip beni karşılayacaktı.

Bu arada türbenin dışındaki küçük dükkânlar dikkatimi çekti. Bunlar fotoğrafçı dükkânlarıydı. Yağlıboya ile yapılmış İmam Rıza Türbesi'nin resimlerini satıyorlardı. Hatıra olarak ben de küçük bir resim alarak çantama zarar görmeyecek şekilde koydum.

Bir ara Habib'in gözlerimin içine baktığını fark ettim. Belli ki birazdan vedalaşacağım için pek hoşnut değildi. Köşede küçük bir dükkâna girerek birlikte yemek yerken bugüne kadar öğrendiklerimden birkaçını onunla paylaştım. Özellikle Said Nursi'nin anlattığı sabır, kalbin batını ile zahiri kısmını kendisine anlattığımda çok etkilenmişti. Hiç bu şekilde düşünmediğini, zamanında kalbinin merkezinde birçok dünyasal şey olduğunu ve şimdi hiçbirinin kendisine ait olmadığını bana söylemişti.

Habib arabasını çok seviyormuş. Arabaya olan aşırı sevgisi o arabayı putlaştırmıştı, bunun şimdi çok daha iyi farkındaydı. Daha birçok imtihanlar yaşamış. Annesini küçük yaşta kaybetmiş. Çok sevdiği bir kız varmış ama kızı, ailesi Habib'e vermek istememiş. Kalp acısı yaşıyordu kısacası. Onu bir süre dinledim, bu kendisine iyi gelmiş olmalı ki; hafif Türk, hafif İran aksanıyla gülümseyerek "Teşkür ederim" dedi. Ellerini tuttum. Gözlerinin içine baktım ve şöyle dedim:

Allah çok büyük.
Bir bakmışsın kendini
şükür namazı kılarken
bulmuşsun...

Nihayet havalimanına gelmiş ve uçağa biniş işlemleri için sıraya girmiştim. Her şey çok iyi gidiyordu, huzur içindeydim, ta ki dönüş biletimi internetten satın alırken İstanbul Atatürk Havalimanı değil de Sabiha Gökçen Havalimanın'a aldığımı fark edene kadar. Bu hatayı nasıl yapmıştım ben böyle. Sabiha Gökçen Havalimanı evime neredeyse 2 saatlik mesafede, İstanbul trafiği bir anda gözümde canlanıp büyümüştü. Üstelik Yezra beni almaya Atatürk Havalimanı'na gelecekti. Öyle söylemiştim...

Hemen Yezra'ya mesaj atarak nasip olursa akşam 20.00'de Sabiha Gökçen'e ineceğimi bildirdim, kısa süre sonra cevap geldi. "Ali benim de seninle konuşmak istediklerim var. Bizimle ilgili bazı önemli kararlar aldım ve bunu çok ertelemeden seninle paylaşmak istiyorum" diyerek beni merakta bırakan bir cevap vermişti.

Yaklaşık iki buçuk saatlik bir uçuştan sonra İstanbul'a alçalmaya başlamıştık. Güneş batmak üzereydi, bu yüzden gökyüzünde sarıdan kırmızıya çalan bir renk hâkimdi. Allah'ın boyası ne güzel bir boyadır diye iç geçirdim. Gökyüzünün mavisi, güneşin kırmızısı, bulutların beyazı... İyice alçalmaya başladığımızda da toprağın rengi dikkatimi çekti. İnsanlar bu renkleri tutturmak için boyalar, kimyasal renkte kumaşlar üretirken, Allah'ın boyası doğal ve eşsizdi...

Artık binalar gözükmeye başlamıştı, küçücük binalar. Uçağın cam kenarında oturan insanlar da yeryüzünü seyre dalmışlardı. Orta sırada oturanlar ise cam kenarındakiler kadar şanslı değildi. Küçük uçak camlarından dışarıyı görmek adına eğilerek meraklı bakışlarla etrafı seyrediyorlardı.

Çok kısa bir süre sonra uçağın tekerlerinin yere değdiğini hissettik, güzel bir iniş yapmıştı, o sırada arkadan alkış sesi duydum ve bu ses diğer yolcuların katılımıyla artmaya başladı. Bu pilot için teşekkür mesajıydı. Allah'a şükrettim, hayırlısı ile güzel yurdumuza dönmüştük. Havalimanına indiğimde akşam namazını eve giderken trafikte yolda geçirmemek için hemen abdestimi alarak havalimanının mescidinde namazımı eda ettim.

Ve Yezra'm gelmiş dış hatlar çıkışında beni bekliyordu. Arabadan iner diye bekledim ama inmedi, çantamı bagaja koyup yanına oturdum. Hoş geldin derken bile yüzünde üzgün, yorgun, mesafeli bir tebessüm vardı. Belli ki uykusuzdu, kesin çok kötü bir şey olmuştu.

Konuşmak istediği konuyu sorduğumda ise bir yerlerde oturup konuşmak daha iyi olacaktır diye geçiştirdi. Nereye gideceğimize karar vermeden Pendik üzerinden köprüye doğru yola çıktık. Klasik İstanbul trafiği, bazı yerler açık bazı yerlerde ise tıkanıyordu... Hele köprü üzerinde muazzam bir trafik vardı. Yezra direksiyonu bir anda kırarak Üsküdar sapağına girdi. "Karşıya geçmiyor muyuz?" diye sordum, cevaplamadı.

Arabada anlam veremediğim bir sessizlik hâkimdi. Bir süre sonra Üsküdar sahile geldik. Yezra arabayı bir lokantanın önüne yanaştırdı ve durdu, gözümü tabelaya diktim, Kanaat Lokantası yazıyordu.

Yine soğuk bir sesle, "Köprü trafiğini çekemezdim, o yüzden buraya geldim. Şu lokantada konuşabiliriz..." diye mırıldandı. "Konuşmak için bari sakin bir yer arasaydık" diye arkasından seslensem de beni dinlemeyerek içeri girdi, arka tarafta köşe bir masayı gözüne kestirdikten sonra oturdu. Ben de peşinden bir kölenin sahibini takip ettiği gibi onu takip ediyordum.

Oturur oturmaz direkt konuya girdi Yezra. "Ben..." dedi ve sözlerine devam etti. "Ben çok düşündüm Ali ve bir karar aldım. Bu kararı alırken de yanlış bir şey yapmamak adına annemle konuştum. O da kararıma saygı duydu. Son zamanlarda eskisi gibi değilsin. Sanki sürekli benden kaçıyorsun. Sanki sürekli beni görmemek için bahaneler üretip, türbe türbe, ülke ülke dolaşıyorsun.

Bunlara anlam vermeye çalıştım. Oturdum düşündüm ve şunu anladım: Evet, bebeğimiz olmuyor ve bu konuda sorunlu benim. Belki sen baba olmak istiyor ama bunları bana söyleyemiyorsun, belli ki beni kırmak istemiyorsun. Sen iyi bir insansın. Ben seni üzmek, senin hayallerine engel olmak istemiyorum. Belki başka bir aile kurarsın kendine. Bu yüzden benden sürekli kaçmana da gerek yok.

Bak ben sana işte kolaylık sağlıyorum. Bir avukatla bile görüştüm, son derece kolay ve zahmetsiz şekilde senden boşanıp hayatından tamamen çıkmaya karar verdim. Sen yeterince sabırlıydın bana, ancak her erkek gibi baba olmak senin de hakkın. Ben ise bu kusurumla senin bu imkânını engelliyorum ve artık bu yükle yapamayacağıma karar verdim. Bana yaşattığın her gün için teşekkür ediyorum. Sen benim için hep kalbimin en güzel yerinde güzel bir anı olarak kalacaksın..."

Yezra, henüz masada garsona sipariş bile vermeden, bana tek bir söz bile ettirmeden ardı ardına kelimelerini dizdikten sonra çantasından bir kâğıt parçası çıkararak önüme koydu.

"Senden hiçbir şey istemiyorum Ali. Sadece bu kâğıdı imzala ve her şey bitsin. Anlaşmalı bir şekilde tek celsede boşanalım. Sen hayallerine ulaş mutlu ol, ben de artık başımın çaresine bakarım. Allah büyük mutlaka bir kapı açar" diyerek sözlerini tamamladı.

Neye uğradığımı şaşırmış durumdaydım. Çünkü benim aklımda ne baba olamama üzüntüsü ne de Yezra'dan kaçış planım vardı. Benim tüm amacım madde dünyasından mana âlemine ermek ve ruhumu bu yolda hoşnut etmekti. Ben nefsimi eğitmeye çalışırken, Yezra beni kendisinden kaçtığımı düşüncesi ile suçluyordu. Onun içinde fısıldayan Eşkıya nefsi duyabiliyordum.

Karımın aklını karıştırmak için ne senaryolar üretiyor, Yezra'yı suçlu, değersiz, işe yaramaz hissettirerek bu evliliği bitirmeye çalışıyordu. Tüm bunları yaparken de asıl amacı Yezra'yı depresyona sokmaktı. Böylece sağlıksız düşünce yapısına sokarak sağlıksız kararlar aldırtacaktı. Eşkıya nefis bu derece hâkimiyeti eline almıştı.

Ben tüm olanların farkındaydım da bunu Yezra'ya güzel bir dille anlatmam gerekecekti. Tüm samimiyetimle kendisinden kaçmadığımı ve aksine kendisine değer verdiğimi söyledim. Çocuğumuz olup olmamasının kendi suçu olmadığını, Allah'ın takdiri olduğunu söylediğimde ise kararlı ve çaresiz surat ifadesi biraz da olsun yumuşamış, şaşkınlıkla karışık bir tebessüme dönmüştü.

"Güldüğüme bakma" dedi. "Kafam hâlâ çok karışık..."

Boğazım düğümlendiği için bir şey yemeden sadece birer bardak çay içerek kalktık. Hava kararmıştı ve nereye gittiğimizi bilmeden yürümeye başladık. Yezra'yı ikna etmeye çalışıyor; bana bir bebek veremese de onunla mutlu olduğumu ve onu hep seveceğimi anlatıyordum. Bu konuşmalar yüzlerce metre yürüyüşle devam etti.

Sonra ikimizin de dikkatini bir sokak çekti. Bu sokakta tüm dükkânların adı Hüdayi idi. Hüdayi Hac Malzemeleri, Hüdayi Kitap, Hüdayi Hediyelik-Züccaciye ve Hüdayi Berber. Sonra gözümüze kahverengi üzerine yeşil harflerle yazılı bir tabela iliști. İkimiz de aynı anda heceledik:

"Aziz Mahmud Hüdayi Türbesi..."

Yezra ile göz göze geldik bir an. İkimiz de aynı şeyi düşünüyor olmalıydık. Sokağın içine doğru yönelerek dik bir yokuş çıktıktan sonra yokuşun ucunda Osmanlı'dan kalma bir yapıyla karşılaştık. Kapıdan girer girmez merdivenli yokuştan yukarı doğru ilerledikten sonra sol tarafta ziyarete açık türbe karşımıza çıktı. Yezra ile hiçbir şey konuşmuyorduk. Ayaklarımız bizi buraya getirmişti adeta. Allah yazmadan hiçbir şey olmaz, O istemeden rüzgâr bile esmezdi. Burada olmamızın mutlaka bir hikmeti, bir anlamı vardı.

Türbenin kapısına vardığımızda beyaz mermer üzerine yeşil harflerle yazılı Hüdayi Hazretleri'nin duası dikkatimizi çekti:

"Ya Rabbi! Kıyamete kadar bizim yolumuzda bulunanlar, bizi sevenler ve ömründe bir kere türbemize gelip ruhumuza Fatiha okuyanlar bizimdir...

Bize mensup olanlar, denizde boğulmasınlar; ahir ömürlerinde fakirlik görmesinler; imanlarını kurtarmadıkça ölmesinler; öleceklerini bilsinler ve haber versinler ve de ölümleri denizde boğularak olmasın!..."

İçeri girdiğimizde ise tam ortada irice bir sanduka, etrafında ise küçük küçük sandukalar vardı. Sandukalara yaklaşıp isimlerini okuduğumuzda Aziz Mahmud Hüdayi Hazretleri'nin evlatlarına ait olduğunu gördük. Hepsinin ruhuna Fatiha okuduktan sonra etrafı sarı varaklı demir parmaklıklarla çevrili, üstü yeşil çuha örtüyle sarılı, baş kısmında ise kavuğu bulunan Hüdayi Hazretleri'nin sandukasına adım adım yaklaştık.

Sağ elimi demirlerin arasından sandukanın üzerine doğru usulca uzatıp koydum. Elimi koymamla birlikte bütün bedenimi saran tarifi mümkün olmayan bir enerji hissettim. Bu enerji bana hiç yabancı gelmiyordu. O an buraya Hüdayi Hazretleri tarafından davet edildiğimizi anladım. Bu sefer yalnız değildim. Yanımda Yezra da vardı. Belli ki onun da burada olması gerekiyordu. Her şey ilahi düzen altında şekillenmişti.

Hazretin ruhuna Fatiha ve Kuran'dan bazı kısa sureler okuduktan sonra Yezra'nın elini tuttum. Aldığım enerjinin ona da tesir etmesini istiyordum kendimce. Gözleri gülmeye başladı. Olanlardan tam olarak haberdar olmasa da bir şeyleri anlamış gibiydi. Türbeyi ziyaret ettikten sonra hemen birkaç merdiven üst kısmında bulunan Hüdayi Camii'nde yatsı namazını cemaatle kılarak evimizin yolunu tuttuk. Dönüşte arabayı ben kullanmak istedim.

Yezra Hüdayi Hazretleri'ni merak etmiş olmalı ki yol boyunca onun hakkında bilgilere ulaşmaya çalıştı. Dikkatini çeken, onu heyecanlandıran kısımları da bana anlatıyordu:

"Ali..." dedi. "Kendisi Büyük Evliya Cüneydi Bağdadi soyundan olup Seyyid'miş. Bursa'da da bir zamanlar kadılık yapıyormuş."

Yezra hararetli bir şekilde Hüdayi Hazretleri'nin hayatını anlatmaya devam ediyordu:

"Bir gün karşısına o güne kadar hiç rastlamadığı türden pek farklı bir dava çıkmış. İki gözünden sel gibi yaşlar akıtan bir kadıncağız, kocasından şikâyetle mahkemeye müracaat etmiş. Kadı Mahmud'un karşısına geçip şunları söylemiş:

– Kadı Efendi! Kocam her sene hacca gitmeye niyet eder, fakat bir türlü fakirlikten dolayı gidemez. Bu sene de hacca gideceğim diye tutturdu. Hatta, 'Eğer bu sene hacca gidemezsem seni boşayacağım!' dedi. Daha sonra Kurban Bayramı'na yakın ortalıktan kayboluverdi. Beş altı gün sonra da ortaya çıkıp hacca gidip geldiğini söyledi. Hiç böyle bir şey olur mu? Kadı Efendi! Artık bu yalancı adamdan boşanmak istiyorum!...

Kadı Mahmud Efendi, yapılan şikâyetin tahkiki için kadının kocasını çağırttı ve ona hanımının söylediklerinin doğru olup olmadığını sordu. Adam cevaben:

– Kadı Efendi! Hanımımın söyledikleri de doğrudur, benim söylediklerim de. Bilesiniz ki ben gerçekten hacca gidip gelmiş bulunmaktayım. Hatta o mübarek beldelerde bazı Bursalı hacılarla da görüştüm ve kendilerine getirmeleri için birtakım hediyeler emanet ettim, dedi.

Kadı Mahmud Efendi şaşırdı:

– Bu nasıl olur efendi, diye sordu.

Adamcağız da anlatmaya başladı:

– Efendim, her sene olduğu gibi bu sene de hacca gidemeyince, büyük bir üzüntüyle Eskici Mehmed Dede'ye gittim. O da, benim elimi tutarak gözümü yummamı istedi. Gözümü açtığımda ise Kâbe'deydim, dedi.

Böyle bir hadiseye ilk defa şahit olan Kadı Efendi, bunun mümkün olamayacağını söyleyerek adamın ifadelerini kabul etmedi.

Bunun üzerine hâlâ mukaddes topraklardaki ruhaniyet ve maneviyat ikliminin taze hissiyatı içinde olan adamcağız, saf, fakat manidar bir cevapla haykırdı:

– Kadı Efendi! Allah Teâlâ'nın düşmanı olan şeytan bir anda bütün dünyayı dolaşıyor da, Allah dostu olan has bir kul, niçin bir anda Kâbe'ye gidemesin?

Kadı Mahmud Efendi, bu cevabı gayet manidar bularak kararını, Bursalı hacıların dönüşüne tehir etti. Bursalı hacılar döndüğünde de yaptığı tahkikat neticesinde meseleyi olduğu gibi öğrendi ve büyük bir hayret ve şaşkınlık içerisinde davayı iptal etmek zorunda kaldı.

Fakat, yüreğine muammalı bir kor düşmüş, zihni karmakarışık olmuştu. Ruh ve irade çağlayanı, sarhoş bir halde akmaya başladı. Ne yapacağını düşünürken gönlüne damlayan bir ilhamla derhal Eskici Mehmed Dede'ye koştu. Hakikat ve esrar deryasına dalabilmek için ona intisap etmek, yani kendisine mensup olmak istedi. Ancak Eskici Dede:

– Kadı Efendi! Nasibiniz benden değil, zamanın mürşid-i kâmili Muhammed Üftade Hazretleri'ndendir, dedi.

Bu defa Kadı Mahmud, aynı niyet ve saik ile, yani aynı nedenle Üftade Hazretleri'nin dergâhına yöneldi. Fakat Allah'ın ilahi hikmeti olarak dergâha yaklaştığında atının ayakları kayalara saplandı. O da, atından indi ve yürüyerek dergâha vardı. Pir'in önünde el bağlayıp onun talebesi olmak istedi.

Meşhur Bursa kadısı Mahmud Efendi'yi şaşaalı kaftanlar içinde gören Hazreti Pir, gelişen ahvalden manen haberdardı. Ancak Kadı Efendi'nin niyet ve samimiyet derecesini iyice ölçmek istercesine talebeliğe hemen kabul etmedi:

– Gidin Kadı Efendi! Sizin şöhrete boğulmuş, mal ve makam debdebesi içinde şaşaalı bir hayatınız var. Bu kapı ise, yokluk kapısıdır. Zaten atınız bile buraya gelmek istemediğinden kayalara saplanmadı mı, dedi ve dergâhın kapısına doğru yürüdü.

Bir yandan şeyhin manevi cazibesi, diğer yandan da gördüğü açık kerametler karşısında hayret vadilerinde dolaşan Kadı Mahmud Efendi, hakikati idrak etmişti. Kararı kesindi. Zira nefis engelini aşıp vasıl-ı ilallah olabilmesi için vakit geçirmeden artık böyle bir kapıya teslim olması zaruri idi. Hemen şeyhin arkasından koşup boyun büktü ve:

– Efendim! İradesiz ve şaşkın bir vaziyetteyim. Adeta dipsiz bir uçuruma düşer gibiyim. Ne olur bana himmet ve yardım elinizi uzatınız. Bu biçareyi talebeniz olmakla şereflendiriniz, dedi.

Bunun üzerine tebessüm eden Üftade Hazretleri, talebelik için kadılık ve müderrisliği bırakması, elindeki bütün mal ve mülkü fakirlere dağıtması ve nefsini terbiye edebilmek için sıkı bir riyazata girmesi gibi üç büyük şart koştu. Çünkü nefsini tanıyıp terbiye etmesi mutlaktı. Kadı Mahmud Efendi'nin canıgönülden teslim olması ile de onu müritlerinin arasına dahil eyledi.

Sonra da Kadı Mahmud'un kalbindeki kesafetin temizlenmesi için, yani kadılık makamının kendisine verdiği gurur, kibir ve ucubu bertaraf etmek için sırtındaki süslü kaftanıyla Bursa sokaklarında ciğer satmasını emir buyurdu. Ayrıca dergâhın hela temizliği vazifesini de ona verdi.

Üftade Hazretleri'nin huzuruna tam bir teslimiyet ve halisiyet içinde gelen Kadı Mahmud Efendi, üstadının emirlerine canıgönülden tabi oldu. Eşkıya nefsaniyetini besleyen bütün dünyevi alakalardan el çekti. Öyle ki, onu sırtındaki süslü kaftanıyla ciğer satarken gören ahalinin:

– Bizim Kadı Efendi delirmiş galiba!

– Kadılığı bırakmış ama, kaftanını bırakamamış zavallı, şeklindeki sözlerine dahi aldırmadan üstadının verdiği vazifeleri şevkle yerine getirmeye çalıştı.

Böylece yüce bir olgunluğa hızlı bir şekilde yol almaya başladı. Şeyhinin gözünde ve gönlünde gittikçe kadrü kıymet sahibi oldu."

Yezra sözlerinin burasında durdu. Yine aynı heyecanla "Ali..." dedi. "Dinle bak burası çok manidar. Hüdayi Hazretleri'nin nefsindeki son varlık ve benlik emaresini bertaraf etmesi ise, dilden dile konuşularak meşhurlaşmış:

Bir gün Kadı Mahmud, tuvalet temizlemekle meşgulken, dışarıdan kulağına kadar gelen bir nida duymuş:

– Ey ahali! Duyduk duymadık demeyin; şehrimize yeni kadı geliyor!...

Gönlünün zayıf bir anını yakalayan nefsi, birden büyük bir vesvese fırtınası koparmış:

– Demek yerime yeni bir kadı geliyor! Ah biçare Mahmud, sen böylesine şerefli bir mesleği bıraktın da, tuttun hela temizleyiciliği yapıyorsun! Söyle bakalım, bunca yıldır ne kazandın, demiş."

Yezra bu satırları okurken ben de Hüdayi Hazretleri'nin nefsinin o zamanlar Evliya hale gelmemiş, Eşkıya olarak baskın olduğunu iç geçirdim. Sonra Yezra'yı dinlemeye devam ettim.

"Nefsinin bu tehlikeli serkeşliği karşısında hemen toparlanan Kadı Mahmud Efendi, büyük bir iç ürperişiyle hocasını hatırlamış. Zira ona kendisine şart koşulan emirleri yerine getireceğine dair söz vermişti. Derhal tövbe ve istiğfar ile nefsinin son derece tehlikeli vesvesesine şiddetli bir şekilde mukabele etmiş. Demiş ki:

– Ey nefsim! Seni ayaklar altına alacağıma dair üstadıma söz verdim. Nerede şimdi sözüm? Söyle bu halin nedir?...

Ancak Kadı Mahmud, bu hale o kadar üzülmüş ki, nefsinin iğfaline yani onu baştan çıkartmasına karşı birtakım azarlarla tavır koyması, gönlündeki pişmanlığı yok etmemiş.

Hiç düşünmeden elindeki süpürgeyi bir tarafa fırlatmış ve nefsine ceza olarak tuvalet taşlarını sakalıyla temizlemeye karar vermiş. Tam bu esnada Üftade Hazretleri kapıda görünmüş. Kadı Mahmud'a mütebessim bir çehre, yumuşak bir ses ve latif bir edayla hitap etmiş:

– Evladım Mahmud! Bilirsin ki sakal mübarek bir Sünnet-i Seniyye'dir.

Ve yerleri sakalıyla temizlemesine mâni olmuş.

Sonra Üftade Hazretleri Hüdayi Hazretleri'ne şöyle buyurmuş:

- Evladım Mahmud! Seyrü süluk yolunda verdiğim hizmetlerin gayesi, işte bu mertebeyi geçebilmen içindi. Muvaffak kılan Allah'a hamdolsun! Gayri bundan böyle vazifen benim abdest suyumu hazırlayıp döküvermendir!...

Kadı Mahmud, bu vazifeyi de büyük bir titizlik ve kemal-i edeple yerine getirmeye çalışmış. Hiç aksatmadan her sabah abdest suyunu hazırlamış ve hocasına abdest aldırmış.

Bir kış günüymüş. O sabah Kadı Mahmud, biraz gecikerek kalkmış. Bu sebeple hocasının suyunu ısıtmaya vakit bulamamış. Büyük bir üzüntüye kapılmış ve gözlerinden yaşlar damlamış. Gayri iradi bir şekilde su testisini göğsünün üzerine bastırarak 'Allah, Allah, Allah!' diye zikre dalmış.

O esnada hocası kapıda görünmüş. Kendisinden abdest suyunu getirip dökmesini istemiş. O da çaresiz ve iradesiz bir şekilde bu emre uyarak büyük bir endişe içinde suyu hocasının ellerine dökmeye başlamış. Su, mübarek ellerine değer değmez Üftade Hazretleri, yavaşça başını kaldırıp talebesinin kaygılı haline nazar ederek tebessümle:

– Su biraz fazla ısınmış evladım, demiş.

Buna pek şaşıran Kadı Mahmud Efendi, hafif bir sesle:

– Nasıl olur efendim? Suyu ısıtmamıştım ki, diye karşılık vermiş.

Üftade Hazretleri kendisine şu manidar cevabı vermiş:

– Evladım! Farkında değilsin; bu su, odun ateşiyle değil, gönül ateşiyle ısınmış!"

Yezra Hüdayi Hazretleri hakkındaki bu kısa menkıbeyi anlattıktan sonra ellerimi tutarak "İyi ki hayatımdasın..." dedi. Bunları söylerken gözlerindeki duygu yoğunluğunu fark etmiştim.

Evet, Atatürk Havalimanı yerine Sabiha Gökçen'e inmem. Havalimanından eve giderken yaşadığımız o yoğun trafik. Bizim Üsküdar'a ve Hüdayi Hazretleri'ne gelmemiz... Tüm bunlar tamamen tevafuk idi. O an şer sandıklarımız bize hayır olarak yansıyıp hayatımıza güzel şekilde etki etmişti.

Yezra'nın gözlerinin içine bakarak şöyle dua ettim:

Allah herkese yaşadığı
Şer içindeki Hayr'ı görmeyi
nasip etsin.

Bağdat, İran derken iki gün sonra nihayet evime gelmiştim. Bedensel yorgunluğum anca evde oturduğum an ortaya çıkmaya başlamıştı.

Gece oldukça geç olmuştu. Bunca bana verilen nimetler için iki rekât şükür namazı kılmak ilham olmuştu küçük bir fısıltı zihnime doğarak. O an pusuda beklermişçesine içimden bir ses konuşmaya başladı:

"Zaten yorgunsun, Allah bedeni sana emanet etmiş, ona eziyet etme yat uyu. Ne gerek var ki zaten bütün vakit namazlarını kıldın" diye.

Bu sesi çok iyi tanıyordum. Bu benim Eşkıya nefsimdi. Arada bir adeta hortluyordu. Sonra düşündüm, az önce namaz kılmamı aklıma getiren ses neydi? O küçük fısıltı meleklerdendi. Abdülkadir Geylani Hazretleri'nin dediği gibi ilham meleklerden ve Allah'tan geliyordu. Ama bu ilham küçücüktü, hemen kesiliyordu, nefsimden gelen ise durmaksızın konuşuyordu. Baskındı.

Aradaki farkı artık çok iyi hissedebiliyordum.

Nefsime muhalefet olarak şükür namazımı ve kaza namazlarımı kıldım. Ben namazı uzattıkça nefsim bu kadar yeter diyordu. Sonra bir anda pes etti. Allah ikram etmiş olmalı ki son rekâtlarda yoğun bir huzur hissettim, bir anda tüm sesler durmuştu. Ne geçmiş, ne gelecek ne de nefsimin caydırıcı fısıltıları... Tamamen andaydım.

Tespihatımı yaptıktan sonra duamı ettim. Bir süre seccademin üzerinde oturup tefekküre daldım. Şu kısa sürede neler yaşamıştım. Bir anda hayatım değişivermişti. Mana âleminin derinliklerine dalmaya başladığım bu yolda manevi öğretmenlerimi tek tek düşündüm. Hepsini bir arada görmeyi çok isterdim. Onlardan yeni bilgiler edinerek bu bilgileri hayatıma sokmayı çok isterdim. Şimdiden manevi öğretmenlerimle sohbet etmeyi özlemiştim.

Seccademin üzerinde bunları düşünürken gözlerim de bir yandan kapanıyor, kendi irademle tekrar gözkapaklarımı açmaya çalışıyordum ama bu duruma fazla dayanamadım...

Bir anda kendimi tekrar Berzah'a benzettiğim o âlemde buldum.

Ve yine çok tanıdık o ses belirdi karşımda:

Abdülkadir Geylani Hazretleri

"Evlat!" dedi gür ve net sesiyle, sonrasında devam etti kalbimi okşayan tesirli sözlerine:

"İlk karşılaştığımızda sana sorduğum soruyu hatırladın mı?

Sen hiç Gönül incittin mi?

Bizim dergâhımıza gelenlere iki soru sorarız.

Birincisi sen hiç gönül incittin mi?

İkinci soru ise namaz kılıyor musun?

Evladım, birinciye evet diyene ikinci soru sorulmaz.

Sen namaz kılıyor musun diye zaten sorulmaz. Namaz mutlaktır. O Allah'ın kesin hükmüdür. Bir Müslüman'a sen namaz kılıyor musun diye sormak, sen yemek yiyip su içiyor musun diye sormak kadar abestir.

Bir insanın namazı sana ölçü olmasın. Müşrikler de yüce Peygamberimiz'in (s.a.v.) arkasında namaz kılardı.

Ama şeytanın ta kendileriydi. Şeytan seksen bin yıl Allah'a secde etti, ama Allah'a iman etmedi. Âdem'e (a.s.) secde etmeyerek Allah'ın sözünden çıktı.

Bir insanın ilmi de seni yanıltmasın. Bu adam ne güzel de şeyler anlatıyor diye düşünüp hataya düşme. Şeytan da meleklere âlim'lik yapmıştı, dersler veriyordu!

Şayet yeni tanıştığınız ve hayatınıza alacağınız birileri olursa siz onun geçmiş yaşamında gönüller kırıp kırmadığına bakın. Bu kişi gönül bağlayacağınız bir Âlim de olabilir, bir eş adayı da olabilir. Evladım daima uyanık ol. Şeytan seni görüntüye aldandırıp da kandırmasın."

Birden zihnime güzel, rahmani ilhamlar doğmaya başlamıştı. Aklımdan şu sözler geçti:

Kendini kötü mü hissediyorsun? O halde dinle!

Hayat istediğin gibi gitmiyor olabilir. Sakın kendini suçlama. Nefsin sana kendini değersiz hissettirebilir ama hakkı alınanın değeri Allah katında çok yücedir.

Yaşadığın sıkıntıda Allah'ın seni sevmediğini düşünüp benim imanım zayıf diye düşünme. Allah, "Habibim" dediği Peygamber'ini (s.a.v.) altı evlat acısı ve nice acılar ile imtihan etmedi mi?

Her geleni bir imtihan, senden her gideni ise bir ikram bil. Yaşadığın sıkıntılarda; "Neden, niçin, niye?" diye sorgulama. "Canım Allah'ımın dediği oldu" de. Böylece kalbin huzur bulur.

Bırakın Allah'tan müşrikler ve kâfirler korksun. Ben sizin O'nu sevgiyle anmanızdan yanayım.

"Evladım! Sana burada anlattıklarımızı paylaşabildiğin kadar kullar ile paylaş. Velilerin görevi, kulları ile Allah'ın arasında samimiyet oluşturmaktır. Onları yüce Dost'a davet etmektir. O'nun kullarının cehennemden kurtulmasına vesile olmaktır.

Sen bu sırlar ile önce amil ol yani öğrendiklerini hayatına uygula. Sonra da uyguladıklarını insanlara anlat ki sözünün tesiri olsun. Sonra o kulların içinden bazıları da bu sırlar kalplerine dokununca bir başkasıyla zaten paylaşır, senden öğrendiklerini kalbi bir heyecanla yakın çevrelere anlatırlar.

İşte bu; Rahman'ın kullarına diğer kulları ile yardım şeklidir.

Bu en büyük ibadetlerdendir. Bu yardımı Allah sizden istiyor. Muhammed Suresi 7. ayette buyurdu ki: **Siz Allah'ın dinine yardım edin ki Allah da size yardım etsin.**

O'nun dinine yardım etmek nedir? Burada öğrendiklerini hayatına sokup insanlarla paylaşmaktır.

Allah isterse ol der ve herkes doğru yolu bulur, ama bu görevi bizlere vermiş. Bu senin vazifendir. Yüce Rabbimiz bu ayetinde adeta bir çağrıda bulunuyor. Benim dinime yardım edin diyor. Dinimin güzelliğini kullarıma anlatın, ben de o zaman size yardım ederim diyerek de bizlere hayat zorluğuna karşı yardım edeceğine dair garanti veriyor.

Biz Allah'ın izni oldukça yine sana ulaşacağız ve yeni öğretiler paylaşacağız. Şimdi uyan ve görevini yap, insanların kalbine dokun. İnsanların kendi kalplerine yolculuk yapmalarına vesile ol. Çünkü, Allah ne göğe sığmıştır, ne yere, ne de Arş'a. O sadece mümin kullarının kalbine sığmıştır.

Sen bu öğütleri paylaştıkça, Allah'ın **hidayet verdiği okurların** da çaba göstererek bu yolda sana yardım edecektir."

"Uğrumuzda çaba gösterenleri yollarımıza ileteceğiz.
ALLAH hiç kuşkusuz iyilik edenlerle beraberdir."
Ankebut 69

Uğur Koşar Kimdir?

Nur Terapisi'nin kurucusu olan ruhsal danışman ve yazar Uğur Koşar; Evliyalar Diyarı olarak bilinen Siirt Tilloludur.

Kendisini fıkıh, tefsir, hadis ilmi açısından geliştirmenin yanında; zihin ilimleri olan bilgelik ile sufiliği (kalp gözüyle bakışı) harmanlayarak kendine özgü üslubuyla insanların kendi öz varlıklarıyla buluşmasına, böylece kalıcı bir huzura kavuşmasına yardımcı olmaktadır. Onun gerçek amacı İslamiyet'e katkıda bulunmaktır.

Bütünden yana olan Uğur Koşar, "Bilim ve ilim ayrılamaz, dünya Kuran üzerine kuruludur" diyerek; zihin, ilim ve psikolojiyi birleştirip seanslarında başarıya ulaşmıştır.

Uğur Koşar der ki: "Ben sizi yeni bir şeyle tanıştırmıyorum, sadece unuttuğunuz kendi özünüzle tekrar buluşmanıza vesile oluyorum. Yaşam matematik değil bir şiirdir ve içinde nefes aldığınız bu hayat, beyinlerin gelişmesinden öte yüreklerin ve ruhun olgunlaşmasıyla gelen bir kutlama olmalıdır."

Böylece yaşamanın aslında bir sanat olduğunu anlatmaktadır.

Onun görüşüne göre mutsuz insan yoktur, mutlu olacağına inanmayan insan vardır ve insanları yorgun kılan yaşam değil, taşıdıkları maskeler ve inandıkları kalıplardır.

Uğur Koşar, "Her soru önce kendi cevabını doğurur..." sözleriyle insanların aradığı cevapların aslında kendi derinliklerinde mevcut olduğunu ifade etmektedir.

O, yaşam yolculuğunda insanların kendilerini keşfetmeleri ve kendi derinliklerinde bulunan mevcut cevaplara ulaşmaları adına; onları sadece düşündürmeye, idrake ulaşmalarına ve baktıklarından daha derine odaklanarak Allah'ın kendilerine sunduğu hediyeleri görmelerine-kucaklamalarına yardımcı olmaktadır.

• Kaderimi severim Yazan'dan ötürü.

• Yaşam geçmiş ile gelecek arasında açmış bir çiçektir; onu, sadece şimdiki anın içinde koklayabilirsin.

• Kendi hayatını yaşamıyorsan yaşadığın hayat senin değildir!

• İnsanlar seni yanlış anladığında dert etme, duydukları senin sesin fakat aklından geçirdikleri kendi düşünceleridir.

• Senin dünyaya baktığın pencere kirli ise, benim renkli çiçeklerimi çamur görürsün.

• Önemli olan hayatın ne zaman son bulacağı değil, onu ne zaman hissederek yaşamaya başladığındır.

- Ben size mutlu olmayı değil, mutluluğa dönüşmeyi gösteriyorum.

- Allah kitaplarını, peygamberlerini insana göndermişken, cennetinin kapılarını ona açmışken ve sana bu kadar çok değer veriyorken; sen nasıl olur da kendine değer vermezsin?

- Sadece yaşamın gerçekliğine uyum sağla, ruhun ağlamaya ihtiyacı varsa ağla, gülmeye ihtiyacı varsa gül; her deneyimi yaşa, kontrol etme. Şayet kontrol edersen bütün enerjini dışarıya akıtmış olacaksın. Sessiz ol ve yaşamın akışını izle; tefekkürde kal, o akışta gelen her şey bir rahmettir.

Onun bu sözleri insanlara farkındalık kazandırmaya yöneliktir.

Uğur Koşar, insanlığın temel sorunlarından birini ise şöyle ifade etmektedir:

"İnsanlar isyanda, hayat çoğu için yaşarken bitmiş durumda; çünkü hep başkalarının hayatını yaşamaktalar. Bu hayat onların değil, başka bedenlerde, başka ruhlarda hayat buluyorlar ve onlar gidince hayat da anlamını yitiriyor. İnsanlar Allah'tan öte kalplerini dünyalık sevgi ile dolduruyor. Bu yüzden kalpleri ile imtihan içindeler. İnsanlığın en büyük sorunu budur. Kendi hayatını yaşamıyorsan yaşadığın hayat senin değildir. Nasıl olabilir ki? O hayat başkasına bağlı ve o gittiğinde yahut ilgisini yitirdiğinde sen de eriyor, tükeniyorsun! Olanları izlediğinde şahit olacaksın ve o zaman varlığın hakikate uyanacaktır."

Uğur Koşar'ın Seansları Hakkında

(İnsanların Uğur Koşar'a dünyanın dört bir yanından gelmelerinin sebebi; tıp doktorlarının teşhis koymuş olduğu panik atak, anksiyete, OKB-takıntı, özgüven eksikliği, depresyon hastalarına, tek seanslık görüşmesi ile destek vererek başarıya ulaşmış olmasındandır. İlginize teşekkür ederiz...)

Uğur Koşar seansıyla ilgili şu sözleri dile getirmiştir:

"Öncelikle şunu çok net belirtmeliyim: Terapi için yıllarca uzmanlara, psikologlara gitmiş ama çare bulamamış insanlarla görüşmeyi seçiyorum. Bunu sana kimse söylememiş olabilir, fakat depresyon artık senin aydınlanmanın, çiçek açmanın habercisidir. Bir çiçek tohumunu düşün; tohumun filizlenmesi, çiçek vermesi için nasıl ki artık son derece patlamaya hazır duruma gelmesi gerekiyorsa insan da depresyondayken çiçek vermeye hazır demektir.

Yahut gebe bir kadını düşün lütfen. Onun doğum gerçekleştirmesi için dokuz ay sürenin geçmesi, artık karnının burnuna gelmesi, bir patlamaya bir sıkışmaya hazır olması gerekir, öyle değil mi? Yoksa bebek sağlıklı doğmayacaktır. Bebek dört aylıkken doğarsa ölecektir. İşte bu yüzden senin dibe vurman, depresyonda olman benim için son derece güzel bir şey. Bana artık senin çiçek açmana yardımcı olmak, sadece bu negatif enerjini pozitife dönüştürmek kalıyor.

Psikolojik sorun yoktur, sadece nefsin verdiği vesveseler zihni yorar. İnsan vesveseyi nasıl susturacağını henüz bilmiyor, çünkü onun kullanma talimatını kimse vermedi! Ben insanlara vesveseleri susturup nasıl huzurlu olacaklarını gösteriyorum ve onlar kolayca özlerine ulaşıyor, kalıcı sonsuz huzurla tanışıyorlar, benim tek sırrım budur.

Burada olduğuna göre çok çaba sarf ederek çeşitli destekler almış ama kendi özünle henüz buluşamamış olmalısın. İnsanlar sana yardımcı olamamış olabilirler, çünkü sen derin bir uykudasın, tıpkı geceleri yatağında uyuduğun gibi ve bu durumda sana verilen komutları algılayabilir, onları idrak ederek yaşamında uygulayabilir misin?

Hayır, bunu nasıl yapacaksın? Sen zaten bir uykudasın. Uykuda olan hiç kimse dışarıdan verilen komutları rüyasında uygulayamaz. Bu yüzden insan üzerinde kalıcı bir mutluluk sağlanamamıştır. Kişinin öncelikle derin uykusundan uyandırılması gerekir ve benim yaptığım sadece sizin uyanmanıza yardımcı olmaktır, sonsuz huzur ise tıpkı kâbuslu bir rüyadan uyanır gibi kendiliğinden bir anda gelecektir."

"İnsanları yorgun kılan hayat değil, taşıdıkları maskeleridir" diyerek de birçok insanın farkında olmadan takmış olduğu maskelerinden sıyrılarak kendi özüyle buluşmasını sağlayan üstat, şu sözleriyle insanları farklı bakış açılarına yönlendirmektedir:

"Sorun hiçbir zaman problemler değildir, yaşam yolculuğunda problemler her zaman olacaktır. Asıl sorun; nefsin vesvesesi ve zihnin oyununa gelerek kendi yaşam enerjinizi harcayıp farkında olmadan sorunları, vesveseleri daha da büyütmenizdir."

Uğur Koşar "Mutsuzluk, zeki insanın bilgeliğe dönüşüm aracıdır" diyerek danışanlarına, acıyı bir araç olarak kullandırıp sonra onu sonsuz bir huzura dönüştürmekte ve kendine özel öğretisiyle seanslarında bunu yaşatarak anlatmaktadır.

Uğur Koşar "Dikkatle izlemenizi isterim. Biri sizi üzdüğünde o aslında size sadece bir iğne batırmıştır; öfke, tepki, üzüntü ise sizin içinizden yükselir!" diyerek insanları kendi içine yönlendirip orada özü ile buluşturarak sorunların sonsuz bir huzura dönüşmesine; kendine özgü birçok öğretisiyle danışanlarının farkındalık kazanmasına ve bilgelik boyutuna ulaşarak aydınlanmasına yardımcı olmuştur.

Psikologlar kitaplarını ve terapisini tavsiye etmektedir. Sanatçılara, birinci ligden futbolculara, yaşam koçlarına, doktorlara seans veren, psikologlara da bu konuda eğitim veren Uğur Koşar görüşmelerini, İstanbul Mimaroba'daki özel çalışma ofisinde yapmaktadır.

Üstadın geliştirdiği Nur Terapisi tek seanslık olup başarılı sonuçlar edinilmiş ve tavsiye ile yayılmış bir sistemdir.

İletişim:

Web: www.ugurkosar.com

Tel. 0544 863 26 62

KAYNAKÇA

Abdülkadir Geylani Külliyatı, Gelenek Yayınları

Ey Nefsim, Gelenek Yayınları

Ey Oğul!, İmam Gazali, Gelenek Yayınları

Risale-i Nur